Vida Espiritual Para Personas Ocupadas

# *Vida Espiritual Para Personas Ocupadas*

Cómo Nutrir Tu Alma
en el Agitado Mundo De Hoy

José de la Torre

Peace Books

Derechos de Autor © 2018 por **José Luis de la Torre, Jr.**
Traducido por **Blanca Estela de la Torre**

Todos los derechos reservados. Ninguna parte de esta publicación puede ser reproducida, distribuida o transmitida de ninguna forma ni por ningún medio, sin previa autorización por escrito.

**Peace Books**
**Euless, TX 76039**
**www.peace-books.com**

**Vida Espiritual Para Personas Ocupadas / José de la Torre.** -- 1st ed.
ISBN 978-0-9991281-3-8

# Tabla de Contenido

Dedicación .................................................................. xi
Agradecimientos ........................................................ xiii
Prefacio .................................................................... xvii
Introducción ............................................................ xxiii
¿Qué Significa "Viviendo Espiritualmente"? ..................... 1
   Definiendo La Verdad .............................................. 2
   Un Sistema Para Entender ....................................... 5
   El Creador ............................................................... 6
   Nuestra Sobrealma .................................................. 8
   Así Que, ¿Qué Es Espiritualidad? ........................... 12
¿Es Exclusivamente Para Personas Espirituales? ........... 17
   Debes de ser religioso o acudir a la Iglesia ............ 18
   Debes de meditar de día y de noche ...................... 19
   Debes deshacerte de todas tus posesiones ............ 20
   Uno debe estar a distancia o ser místico ............... 21
   Debes de ser perfecto ............................................ 22
   Debes de creer que todo es amor y luz .................. 22
   Debes de creer que no existe la maldad ................ 23
   El sufrimiento debe ser evitado ............................. 24
   Debes de creer en el alma ..................................... 25
   Debes creer en Dios, o en un Creador ................... 27
   Espiritualidad es para otros ................................... 27
   No puedes ser espiritual y sexual .......................... 28
   Tienes que ser feliz todo el tiempo ........................ 30
   Debes creer que no lo mereces .............................. 32
¿Y Cuál Es El Punto De Todo Esto? ............................... 35

Respuestas procedentes de las religiones ................................ 36
Deducciones lógicas de mi modelo ...................................... 38
Creación ............................................................................... 39
Servicio ................................................................................ 45
Nuestro propósito ............................................................... 47
El Título de Propiedad ........................................................ 52
Esencia multidimensional ................................................... 55
Atemporalidad ..................................................................... 55
Vida Espiritual .................................................................... 60

ACTÚA con la Mente ............................................................. 63
A – Atención Plena .............................................................. 65
C – Consciencia ................................................................... 69
T-Tiempo presente ............................................................... 71
U – Unida respiración ......................................................... 74
A – Abordar pensamiento ................................................... 76

Sigue tu corazón FUERA ........................................................ 81
F – Fomentar Perdón ........................................................... 82
U – Ubérrimo Intuición ....................................................... 86
E – El Respeto ..................................................................... 90
R – Rendir Servicio ............................................................. 93
A – Alimenta Confianza ...................................................... 95

Es Tu Cuerpo, Sin DUDA .................................................... 101
D - Dieta ............................................................................. 102
U – Universal Conexión .................................................... 105
D – Desintoxicar ................................................................ 107
A – Actividad ..................................................................... 108

No Un León O Un Cordero, Pero Un León Alado ............... 113
Estructuras De Poder ......................................................... 114
Gratitud .............................................................................. 115
Integridad ........................................................................... 116
Cambio ............................................................................... 116

- Ser Holístico ..................................................................... 117
- Sigue Tus Sueños ............................................................. 118
- Desorden ......................................................................... 119
- La Realidad Como Un Espejo ......................................... 119
- Paz Interna ...................................................................... 121
- Comienza Por Dentro Y Trabaja Hacia Afuera ..................... 123
  - Padres Y Guardianes ..................................................... 124
  - Relaciones ...................................................................... 125
  - Hijos ............................................................................... 127
  - Comunidad .................................................................... 128
- Todos Estamos Juntos En Esto .............................................. 131
  - Muchos Caminos, Una Simple Jornada ........................ 132
  - El Guerrero Pacífico ...................................................... 132
  - ¿Qué Tal Si.....? .............................................................. 133
  - Divisiones Artificiales ................................................... 134
  - ¿Intervención Externa? ................................................. 136
  - Beneficios de la Paz ...................................................... 137
  - Tanto Arriba Como Abajo ............................................ 138
  - Centésimo Mono ........................................................... 139
- Está En Paz ............................................................................. 141
  - Signo De Paz Para Nuestros Tiempos .......................... 143

# Ilustraciones

Ilustración 1. El Creador, el Vacío ................................................. 7
Ilustración 2. La Llama Divina soltando chispas ..................... 9
Ilustración 3. El primer Sobrealma creado .............................. 10
Ilustración 4. Varios Sobrealmas son creados ........................ 11
Ilustración 5. El Sobrealma como un castillo de arena ........... 11
Ilustración 6. Múltiple castillos de arena en la misma playa .... 12
Ilustración 7. La chispa interna en nuestros corazones ............ 13
Ilustración 8. Reconociendo la chispa Divina en otros ............. 14
Ilustración 9. Cuerpo multidimensional .................................... 56
Ilustración 10. Múltiples vidas dentro de un Sobrealma ........... 57

# Dedicación

A

Mi bella y amorosa esposa,
Y mis dos hijas increíbles

# Agradecimientos

Si tuviera que mirar el estante superior de la estantería al lado de mi cama, vería una hilera de libros de tres autores que considero que son algunos de los contribuyentes más importantes en nuestra veces para entender quiénes somos, de dónde venimos, y por qué estamos aquí, como raza e individualmente. De cientos de libros que he leído durante mi búsqueda de la verdad y comprensión, sus libros se destacaron y exigieron que se establezcan aparte. Cuando descubrí sus obras por primera vez, fue como tomar en un soplo de aire fresco, y finalmente pude emitir un suspiro de alivio. Por fin, había encontrado algunas ideas que tenían sentido, que explicó mucho, y lo más importante, resonaron con mi ser más interno.
Sin embargo, al igual que el Galileo en día de hoy, son atacados, burlados o ignorados, y sin embargo, la verdad es la verdad, ya sea que queramos reconocerlo o no. Ahora sabemos que nuestro planeta gira alrededor del sol, y con suerte, algún día, todos también sabrán que somos más que nuestros cuerpos físicos, y que nuestros pensamientos y creencias contribuyen a crear nuestras propias realidades. Son mis héroes, y creo que merecen mucho más reconocimiento por sus contribuciones a

nuestros entendimientos hoy. Me gustaría agradecer las contribuciones de David Icke y Stewart y Janet Swerdlow en sus obras fundamentales, a nuestra comprensión de quién y qué somos y de dónde venimos de. Espero que algún día sus contribuciones sean ampliamente reconocidas y apreciado. Los Swerdlows también han contribuido en gran medida a nuestra comprensión de nuestros Sobrealmas, nuestras conexiones al Sobrealma, el Lenguaje del Hiperespacio, la desprogramación, y cómo nuestras creencias e emociones afectan nuestros cuerpos y nuestras realidades también.

Además, ha habido algunos otros autores que han contribuido para mi comprensión de lo qué es, que me gustaría reconocer también. Me gustaría agradecer y reconocer al fallecido Lynn Grabhorn por su valentía y sus contribuciones al entendimiento del Creador; y la difunta Dolores Cannon por sus descubrimientos y contribuciones para entender y trabajar con el Sobrealma, y su hija Julia Cannon por sus propias contribuciones a nuestra comprensión de las conexiones entre nuestros pensamientos, creencias, emociones y el cuerpo.

Finalmente, me gustaría agradecer a mi esposa por apoyarme a través de mi propio viaje, durante mis altibajos, a través de tiempos oscuros y buenos tiempos. Sé que la volví loca con mis preguntas y búsquedas constantes, y aunque no siempre estuve de acuerdo conmigo, ella todavía me ama y me apoya. Gracias por siempre estar a mi lado, te amo con todo mi corazón.

## La Vida Espiritual Es...

- con propósito y significado
- en aceptación de lo que es
- en la conciencia de quiénes somos
- en el presente
- conectado a nuestro yo más interno a través de nuestro corazón

# Prefacio

En una semana de haber nacido, por lo menos lo que me dicen mis padres, estuve a punto de morir. Por áreas del destino, nací en un pueblo pequeño llamado Nogales, en la frontera entre México y los Estados Unidos, a una pareja joven y entusiasta de México. Yo fui su primogénito y para agregar a la tensión y ansiedad como si mi no esperada enfermedad fuera suficiente, la hermana de mi madre había perdido su primogénito un par de meses antes. Mi madre y su hermana se casaron juntas el mismo día. Los doctores ignoraban que estaba mal conmigo, pero estaban seguros que no viviría. Me dieron unos pocos días para vivir ya que yo no sostenía ningún líquido.

Mi padre viene de una familia muy religiosa devota Católica, por lo que las mismas circunstancias lo trajeron a vivir al pequeño pueblo fronterizo. A mediado de los años 1920's un gobierno Marxista tomó poder en México guiado por el Presidente Elías Calles, quien tomó medidas extremas contra la Iglesia Católica, cerrando Iglesias, violando religiosas, matando sacerdotes, y exiliando a los clérigos. Esto, eventualmente ocasionó un levantamiento por parte del pueblo, y es donde mi bisabuelo decidió seguir a su Obispo para apoyarlo en su exilio y llevó su familia a la frontera desde el centro de México.

A mediados de 1930's el sobrino del Presidente Calles, quien era el gobernador de Sonora donde residía la familia, trató de instituir las mismas reformas contra la Iglesia Católica y perseguir a los religiosos una vez más. Una vez más la familia de mi padre decidió apoyar su Obispo, y escaparon a las montañas para esconderse del gobierno. Durante un segundo levantamiento, uno de mis tío-abuelos fue asesinado por tropas del gobierno, mientras él valientemente avisaba a los otros de su presencia.

Del resto de los hermanos, uno se ordenó sacerdote diocesano, subiendo a las oficinas diocesanas, mientras otros dos optaron por ser sacerdotes Jesuitas. Estos hombres creyeron en la Iglesia Católica y dedicaron sus vidas a servir la Iglesia y sus seguidores. Este es el medio ambiente donde creció mi padre – devoto y fiel. Dos de sus propios hermanos también fueron ordenados sacerdotes, uno de ellos un sacerdote misionero.

Así, que cuando estuve a punto de morir de recién nacido, mi padre naturalmente se dirigió a Dios y rezó. Sin embargo, así como mi abuela paterna fue estricta creando diez niños, así mi padre rezó a Dios con amor duro. Él no le pidió a Dios que salvara mi vida, en su lugar le pidió que le ayudara a salvarme, solo, si yo iba a ser digno de ser salvado. Si yo no iba a ser un hombre justo de Dios, entonces Él podía llevarme allí mismo.

Obviamente yo viví. Si Dios determinó o no que mi vida merecía ser salvada, está por verse. Sin embargo yo espero que en mi vida, pueda ayudar a otros.

Eventualmente mi padre obtuvo trabajo en Tucson y de allí fue transferido a Mesa. Nos mudamos a Tempe donde mis hermanos y yo fuimos inscritos en una escuela Católica. La directora de la escuela, era una monja de edad, dulce y alegre quien a ese tiempo todavía vestía su hábito diariamente – yo quise a la monja Valeria, descanse en paz.

La escuela Católica me enseñó dogma, ritos y oraciones. Aprendí acerca de Dios, la biblia, y en un tiempo de mi vida – antes de mi pubertad – pensé en convertirme en sacerdote. No fue hasta que comencé mis estudios preparatorios, que primero descubrí lo que yo consideré ser la espiritualidad. En la preparatoria mi hermano y yo estuvimos muy envueltos en el programa de Vida Juvenil de nuestra iglesia, y atendimos muchos retiros espirituales.

Ya sea al azar o coincidencia, una comunidad católica que se nominaba La Ciudad de Dios se acababa de cambiar del Sur de California a Tempe, y adoptó nuestra iglesia como su base principal. Así que no solo fuimos influenciados por el programa de Vida Juvenil y sus varios músicos y dirigentes, también fuimos influenciados por el mundo carismático del Espíritu Santo. Nuestros estudios de biblia y rosarios fueron en varias ocasiones entrelazados con el don de lenguas, don de la profecía, y otros dones del Espíritu.

El sentimiento de la presencia de Dios fue en muchas ocasiones palpable. Recuerdo en más de una ocasión, generalmente durante una misa de sanación, mientras el sacerdote caminaba alrededor y ponía sus manos en las cabezas de mis amigos, ellos permanecían "Mantenidos en el Espíritu" y quedaban inconscientes por casi media hora. Alguien tenía que recibirlos en sus brazos por detrás mientras se deslizaban al suelo. Cuando ellos despertaban, tenían un inmenso sentimiento de paz y calma.

Personalmente, yo nunca recibí el don de lenguas, también conocido como glosolalia, o que yo sepa, ningún otro Don del Espíritu. Siempre tuve inquietud de porque yo era el único que no se "mantenía en el Espíritu" en las misas de sanación. ¿Era porque yo era muy analítico, vivía yo en mi mente mucho tiempo y no podía entregarme?

De cualesquier modo, durante algunos de los retiros del grupo Vida Juvenil en las montañas del norte de Arizona, puedo decir que yo sentí la presencia de Dios, y la paz de Dios. Fue durante estas experiencias que yo supe en mi corazón que Dios existe y que yo estaba conectado a Dios a través de mi corazón. Nunca olvidare esos sentimientos y experiencias – había algo más que yo que era poderoso; estaba en todas partes; era amoroso; era paz; era misericordioso; y estaba accesible dentro de mí.

Entonces sucedió. En la Universidad experimenté lo que solo puedo describir como una crisis de fe que me sometió a una inmensa interna confusión lo que continuó por las siguientes dos décadas. Inesperadamente cuestionaba todo lo que me habían enseñado acerca de la religión, fe, y hasta de la misma Iglesia en la que crecí. ¿Que era real? ¿Que era verdad?

Mientras planteaba estas preguntas con mi familia y amigos, me di cuenta que no lo querían discutir. Ellos estaban contentos con su propia fe y mis dudas les molestaban. Perdí amigos y me sentí solo. Aprendí a guardar mis dudas y mi búsqueda por la verdad para mí solo – otros no querían ser cuestionados, no querían buscar una verdad objetiva, si acaso pudiera ser encontrada.

Por un tiempo, hasta consideré cambiar mi religión. Una de las cosas más difíciles que tuve que enfrentar, fue sentarme con mis padres y decirles que quería abandonar la fe Católica. Era tiempo de Navidad y estaba en casa de vacaciones del colegio. El fuego estaba en la chimenea, y las luces estaban apagadas. Cuando les dije que quería hablar con ellos, mis padres mandaron a mis hermanos a otro cuarto. Yo creo que pensaron que les iba a decir que tenía una novia embarazada o algo semejante – aunque en realidad nunca había tenido una novia en ese tiempo, así que no sé qué estaban esperando. ¿Quizá pensaron que me iba a salir de la escuela o algo drástico como eso? No sé qué estaban esperando, pero yo sé que no estaban esperando lo que siguió.

Les dije que no creía en todo lo que enseñaba la iglesia católica y que estaba seriamente pensando en convertirme a otra religión. Usted hubiera pensado que los acuchille en la espalda. Yo creo que mi padre tuvo un ligero ataque al corazón. También pienso que ellos estaban más consternados por mi alma, y no querían verme sufrir con mis luchas internas.

Para su crédito y el de mis hermanos, no me deshonraron, y me dijeron que siempre me iban a querer y estar siempre a mi lado. Siempre me han querido y apoyado. Después de esa noche, yo creo que mi padre dobló sus oraciones sobre mí.

Termine obteniendo un título de Matemático de la Universidad de Arizona. En la preparatoria, tuve grandes oportunidades de avanzar en Matemáticas e Ingeniería, así que para el tiempo que comencé mi primer semestre en el colegio, ya estaba tomando cálculo II. Matemáticas era lógica y tenía sentido. No había que aprender nada de memoria porque si olvidabas una formula, la podías derivar otra vez – si la habías entendido. Así que Matemáticas – lógica – fueron fácil para mí, y competían con mi mente analítica y cuestionable. Yo estudié Matemáticas porque, honestamente, no sabía que otra cosa estudiar, pensé que venía fácilmente hacia mí, y tenía más mercado que filosofía. Mi madre, a su crédito, se puso firme en filosofía.

¿Así que cómo puedo reconciliar mi mente analítica, con las experiencias de Dios en mi corazón, con los días de Vida Juvenil? ¿Cómo pude tener la experiencia de la paz de Dios y su presencia, aunque ya no creo en la iglesia, o en la biblia? Si yo no acepto la biblia como el verdadero dogma, ¿quiere decir que estoy denunciando a Dios, o la experiencia que tuve con Dios? O peor, ¿quiere decir que Dios me va a rechazar? ¿Cómo puedo reconciliar las experiencias de mi corazón y el amor de Dios que yo sentí, con las preguntas algunas veces cínicas de mi mente? Estas son las inquietudes que me han seguido por años. Yo pase los siguientes veinte años buscando algo que diera sentido, a mi verdad. Estaba tratando de entender quizá explicar, mis experiencias carismáticas de mi juventud. Decidí no convertirme a otra religión, pues lo vi como cambiando un dogma, reglas, rituales y fe por otros.

En su lugar, busqué respuestas en las tradiciones místicas del mundo. Exploré judaísmo y misticismo cristiano. Busqué en todas las formas de creencias y prácticas esotéricas y metafísicas. También busqué en religiones y filosofías del Este. Parece que todas contienen elementos de la verdad. Cada tradición tiene algo ligeramente diferente que ofrecer, una vista diferente de la verdad, cada una tiene sus propias respuestas.

Después de veinte años de explorar, buscar diferentes fes y grupos, y después de leer cientos de libros en espiritualidad, filosofía y metafísica, he podido encontrar paz en mi mente, finalmente reconciliando mi corazón con mi mente.

# Introducción

Todos somos humanos y como tanto, todos venimos del mismo lugar, sin importar donde creemos que es ese lugar. Yo tengo un tremendo respeto por todas las fes, pero en este libro espero compartir lo que he encontrado en todos mis estudios, que yo creo son compatible con todas las fes, y quizá ilustra todas las fes de un modo u otro. Lo que yo he buscado es una verdad más grande, que no requiere ningún tipo de fe pero que también tiene sentido a la mente, y que define quienes somos, porqué estamos aquí, y de dónde venimos. Estas son las preguntas básicas por las que todos pasamos, sin importar a que cultura o fe pertenecemos.

En este libro, me referiré a lo que es comúnmente conocido como Dios, al Creador, para remover el concepto de todas las connotaciones religiosas. Algunos se refieren a Él como el Universo, pero eso es parcialmente verdad, pues puede haber varios universos. El Creador, será el mismo creador de todos los universos. También me gustaría referir a Él como Todo Lo que Es, y como el Fuego Divino.

El Creador no es masculino ni femenino, pero posee las cualidades de los dos, puesto que es el origen de los dos. Por lo tanto, en este libro voy a evitar usar pronombres cuando me refiera al Creador.

Antes de que podamos saltar a vivir espiritualmente, primero tenemos que tener un entendimiento de qué es espiritualidad, y qué significa. En el Capítulo 1, veremos qué es espiritualidad, y qué significa vivir con espiritualidad.

¿Para quién es la espiritualidad? En el Capítulo 2, disiparé algunos de los mitos acerca de qué es la espiritualidad, quién puede ser espiritual, y qué significa viviendo espiritualmente.

Después, quiero compartir el modelo lógico o sistema que utilicé para entender y explicar quiénes somos, y porque estamos aquí, en el Capítulo 3. Parte de vivir espiritualmente es tener una finalidad u objetivo. Si tu ahorita crees en algo para explicar esto, entonces espero que mi modelo sirva para aumentar y enriquecer tu propio entendimiento. Si tu luchas con la fe como yo lo hice, entonces, espero que este modelo sea de ayuda para ti.

Una vez que tengamos el sentido de qué es, y de qué no es espiritualidad, y tengamos por lo menos algún entendimiento de cuál es nuestro propósito aquí, entonces podremos comenzar a ver cómo podemos alimentarnos a nosotros mismos, y a nuestras almas, al alimentar cada aspecto de nosotros mismos. En el Capítulo 4, vamos a ver cómo nutrir nuestra energía mental y de nuestros cuerpos; en el Capítulo 5, veremos cómo enriquecer nuestro cuerpo emocional; y en el Capítulo 6, veremos cómo nutrir nuestros cuerpos físicos.

Viviendo espiritualmente y nutriendo nuestras almas es en vano si no lo aplicamos a nuestras vidas diarias, aunque estemos ocupados. En el Capítulo 7, veremos cómo podemos reclamar nuestro poder en nuestra vida espiritual. En el Capítulo 8, veremos cómo el vivir espiritualmente se aplica a nuestras relaciones; y en el Capítulo 9, veremos cómo el vivir espiritualmente se extiende a nuestras comunidades, alrededor de nosotros.

Finalmente, en el último capítulo veremos cómo la paz mundial es posible, y cómo podemos cada uno de nosotros poner de nuestra parte para contribuir a la paz mundial, viviendo espiritualmente y cultivando nuestra paz interna.

No deseo que nadie pase por la confusión interna por la que yo pase en mi búsqueda por la espiritualidad. Si puedo ayudar a otros evitar el sufrimiento callado, la lucha interna entre la mente y el corazón que yo pasé, entonces quizá Dios salvó mi vida de recién nacido por alguna razón. Yo no pretendo tener todas las respuestas, o la verdad absoluta – únicamente el modelo que tiene sentido para mí, y un modo de nutrir el alma, vivir espiritualmente y encontrar paz interna, aún en un mundo tumultuoso.

# ¿Qué Significa "Viviendo Espiritualmente"?

Has pensado alguna vez si ¿en la vida hay algo más que solo vivir? ¿Cuál es el punto de todo? ¿Alguna vez has sentido como que hay algo que falta en tu vida, más profundo con más sentido?

Quizá te has sentido inquieto por dentro y no sabes por qué.

Quizá tienes un vago sentido de que eres una persona espiritual, pero no estás seguro de cuál es el significado. O quizá has querido ser más espiritual, o vivir más espiritualmente, pero no estás seguro cómo, o sientes que no tienes el tiempo.

Si te puedes relacionar a cualesquier de estas preguntas o estados, entonces este libro es definitivamente para ti. Aun, si tú ahorita tienes una vida espiritual, este libro puede ayudarte a aumentar tu propio entendimiento de quien eres tú, y darte ideas en cómo fortalecer tu alma en este mundo moderno y ocupado de hoy.

Es natural preguntarnos quienes somos, de dónde venimos, y por qué estamos aquí. Tal vez es parte de la condición humana. Uno no puede evitar ver las estrellas en la noche preguntarse, ¿estamos solos? ¿Hay algo más en el universo en donde encajamos en el gran esquema de cosas?

Por lo menos, yo no puedo evitar pensar en estas cosas, pero quizá será por qué siempre he sido un tipo de nerd.

Yo creo que esto es parte de la razón por qué la ciencia ficción nos fascina – por lo menos a los nerds como yo. Explora lo desconocido, yendo más allá de lo que es posible, más allá de nuestro entendimiento. En algún punto, quizá se queda con nosotros porque se siente como si pudiera ser verdad. En un sentido más profundo, sentimos que hay más, y sospechamos que las cosas que vemos en ciencia ficción podría ser verdad en un futuro no muy lejano.

Estos son algunos de los pensamientos que me fascinan y ocupan mi mente en mi búsqueda por la verdad y el entendimiento. Podría muy bien ser porque soy un nerd solitario, pero creo que muchos de nosotros pensamos y sentimos las mismas cosas. Yo sé que no estoy solo.

## Definiendo La Verdad

¿Cómo sabemos que es verdad?

¿Cómo sabemos cuál es la verdad?

¿Existe una verdad objetiva, o siquiera una realidad objetiva?

Cierto, hay cosas que pueden ser medidas. Nosotros hemos construido nuestras ciencias alrededor de fenómenos medibles y repetibles. ¿No es esto prueba que hay una realidad objetiva, y que la verdad es objetiva?

Muy seguido, nuestra realidad es formada por nuestras creencias. La forma en que percibimos o experimentamos el "objetivismo" realidad, o verdad, resulta ser verdaderamente *subjetivo*.

Considere por un instante, la hipotética circunstancia de una tribu aislada viviendo en una isla volcánica. Un año, el volcán eructa y borra virtualmente toda la isla. Los sobrevivientes creen que el dios o los dioses no están contentos y necesitan ser apaciguados.

Por lo tanto cada año consiguiente, seleccionan una mujer joven para sacrificarla al volcán. Ellos notan que el volcán no eructa cuando hacen esto. Ellos creen que el sacrificar una mujer joven cada año mantiene apagado el coraje o descontento de los dioses, salvando al resto de la villa de la destrucción.

¿Cuál es la verdad?

Desde nuestro punto de vista moderno, el volcán eructó debido a presiones geofísicas, no teniendo relación con las actividades de la superficie. Sin embargo desde el punto de vista de los aldeanos, su verdad era que a través de su sacrificio anual, estaban previniendo que el volcán erupcionada.

Nosotros no sabemos todo, y quizá eso es lo que nos mantiene motivados a seguir buscando. ¡Siempre hay algo nuevo que aprender, nuevos misterios que descubrir! Si supiéramos todo, la vida sería más aburrida.

Entre más aprendemos en la física cuántica, más parece que nuestra realidad no es blanca y negra como lo pensábamos. Parece ser una masa de energía, dada la forma del observador – ¡nosotros! De cierta manera, nuestras creencias y expectaciones parecen estar creando nuestra realidad más de lo que lo realizamos. Es como si lo que llamamos una realidad objetiva es realmente una realidad de consenso general compartido.

Así que nadie conoce la verdad entera de nuestra realidad, excepto el Creador, y la verdad podría no ser tan objetiva como pensamos. Entonces, ¿cómo encontramos lo que es verdad para nosotros? ¿Cómo reconocer la verdad cuando la veas?

Para mí, yo he desarrollado un par de criterios para ayudarme a determinar que es verdad para mí. Por ejemplo, los medios de comunicación seguidamente reportan noticias que nos quieren hacer creer es verdad, pero en más de una ocasión se les ha encontrado fabricando noticias. ¿Podemos creer todo lo que nos dicen? ¿Cómo sabemos si hay algo de verdad si no podemos creer lo que nos dicen las personas en las que confiamos? El sentido común nos dice que usualmente hay algo de verdad en las historias que oímos en las noticias, pero que podían haberlas manipulado a una agenda u otra. En estos días, yo tomo las noticias, o por lo menos la historia oficial, con cierto escepticismo.

Así que, mi primer criterio para determinar qué es verdad es aplicar el sentido común. Para cualquier declaración de noticia, ¿tiene sentido? ¿Es lógico?

Una de mis clases favoritas en la Universidad fue Matemáticas Discreta. La clase se encontraba entre la lógica y filosofía más que en los números. Nosotros *tenemos* mentes en el cerebro izquierdo, así que debemos usarlo. Cualesquier verdad o entendimiento que tengamos acerca de nosotros y el universo físico no debe contradecir la lógica.

Mi segundo criterio para determinar que es verdad tiene que ver con el corazón. ¿Se *siente* verdadero? ¿Va en compas con tu corazón? El corazón no es lógico, sin embargo paradójicamente, la verdad debe contener los dos, lógica, y debe resonar con tu corazón.

Solo tú puedes decidir que es verdad para ti. Por supuesto no tienes que creer nada de lo que yo diga, o cualesquier otra persona. Si yo no experimento algo por mí mismo o confirmo ser cierto, entonces tomo lo demás con un granito de sal. Podría ser cierto, o podría ser la versión de la verdad de alguien más. El único modo de decidir por ti mismo, es pensar por ti mismo y aplicar el criterio lógico – tiene sentido – y ver en tu corazón si se *siente* verdadero.

## Un Sistema Para Entender

Lo que me gustaría compartir en este capítulo, y en los siguientes dos capítulos, es un modelo o sistema simple que yo desarrolle y que me ha ayudado a encontrar varias respuestas a muchas preguntas de la vida. Es un entendimiento básico de lo qué es, aunque en realidad es probablemente más complicado, y probablemente va más allá de la comprensión humana. Sin embargo, pienso que este es un buen punto de partida, como una estructura o referencia.

En el año 2012, tuve un sueño vívido en el que mi Ser Superior se me apareció como una figura religiosa. Estábamos volando o flotando en el cielo. Vimos hacia abajo y lo único que me dijo la figura fue "Ayuda mi gente". El cielo tenía un color rojizo y el sol tenía un extraordinario brillo.

Desconcertado, compartí el sueño con mi esposa. ¿Cómo se supone que puedo ayudar a otras personas? Cinco años después todavía no estoy seguro cual es la respuesta, o cual es el significado de mi sueño. El único modo para ayudar que yo conozco es el de compartir mi entendimiento de cómo son las cosas. Quizá al compartir este sencillo sistema, otros puedan encontrar paz y significado en sus propias vidas.

La verdad simple es que no *necesitas* meditar por una hora o más cada día para vivir espiritualmente. No necesitas irte a vivir a una cueva. En realidad no necesitas *hacer* nada. Nosotros podemos llevar una vida de espiritualidad aun estando ocupados, porque nosotros somos seres espirituales – de acuerdo a mi entendimiento, mi modelo, como explicaré después.

Si esto es verdad, entonces nuestra espiritualidad – la esencia de quienes somos – no tiene nada que ver con nuestras creencias. Es quién y qué somos. Aun si lo quieres reconocer o no, aun si crees o no, *todos* somos espirituales – seres no físico, o alma, en un cuerpo teniendo una experiencia física.

El universo es nuestro jardín y nos refleja los pensamientos que ponemos en él.

## El Creador

Una de las películas favoritas de mi familia es *La Novicia Rebelde*. Como dice en una de sus canciones "Comenzaremos por el principio, es un buen sitio para comenzar." Mi modelo o sistema comienza en el principio, con el Creador.

Admito que no soy teólogo. No tengo ninguna credencial académica que me califique para hablar acerca de Dios. Sin embargo, no estoy hablando de Dios o de la Biblia o del Corán, o cualesquier otro libro sagrado. Mi entendimiento está basado en la lógica, no en un libro religioso de texto o una tradición, así que realmente no requiero credenciales. Cualesquier persona puede compartir su espiritualidad porque todos estamos conectados al Creador.

Como ya lo he mencionado antes, yo, sin embargo tengo un título de matemático, el cual debería servir como suficiente credencial en mi habilidad para utilizar la lógica y extrapolar teoremas, corolarios y pruebas, comenzando con axiomas básicas.

Desde el nivel más básico, observamos que este universo, esta realidad existe. Es una Creación, siendo Creada, así que lógicamente tiene que existir un Creador. Sabemos que el universo físico que observamos existe en el espacio y tiempo, así que el Creador debe existir fuera del espacio y tiempo. Como punto de partida, entonces, reconocemos que en realidad existe un Creador, una Fuente de Todo Lo que Es, que existe fuera del espacio y tiempo.

En la tradición mística del Judaísmo, existe el concepto de Ain Sof, ser "sin fin," de un ser que existe en el Vacío, fuera de la Creación.

En su libro, *Querido Dios, Que Nos Está Pasando*, Lynn Grabhorn hace un terrífico trabajo hurgando en la naturaleza del Creador, usando lenguaje que hace paralelo a otras tradiciones místicas. Antes de la Creación, solo había un Vacío, parecido como Ain Sof. De acuerdo a Grabhorn, El Vacío se doblaba el mismo para crear el universo. ¡Era un multiverso con un infinito número de universos!

Ilustración 1. El Creador, el Vacío

En griego, el alfabeto comienza con la letra Alfa, y termina con la letra Omega. Con el propósito de ilustrar al Creador, opte por usar la primera letra del alfabeto Hebreo, Aleph. En todos los lugares que Aleph aparezca en la esquina baja-derecha de las ilustraciones en este libro, representa el Creador. En la

Ilustración 1, el Creador está representado como un Ser, solo, un Vacío.

## Nuestra Sobrealma

Cuando pertenecía a los Boy Scouts, me fascinaba ir de campamento con mi papá y mi hermano. Mi parte favorita era sentarme al lado de la fogata. Podía quedarme horas viendo las llamas, mesmerizado por su baile. De vez en cuando, uno de los troncos caía, mandando un sinnúmero de chispas volando en todas direcciones.

En el misticismo judío, también hay una imagen del Divino como una Llama, de la cual todo se desprendía. Es por eso que en la Ilustración 1, he representado el símbolo del Creador en la forma general de una llama. El Creador es como el fuego principal, y cada uno de nosotros una chispa salida del fuego, como se ilustra en la Ilustración 2.

Ilustración 2. La Llama Divina soltando chispas

La Llama Divina, soltó esencia del mismo, en chispas más pequeñas, y cada llama se mantuvo dentro de la llama más grande, pero reteniendo su identidad individual. Cada una de estas llamas más chicas fue su propia soberana entidad, existiendo dentro del Origen. Estas llamas pequeñas representan unidades pequeñas llamadas Sobrealmas. Cada Sobrealma si quisiera, podría convertirse en más Sobrealmas. Cada Sobrealma permaneció conectada al Creador.

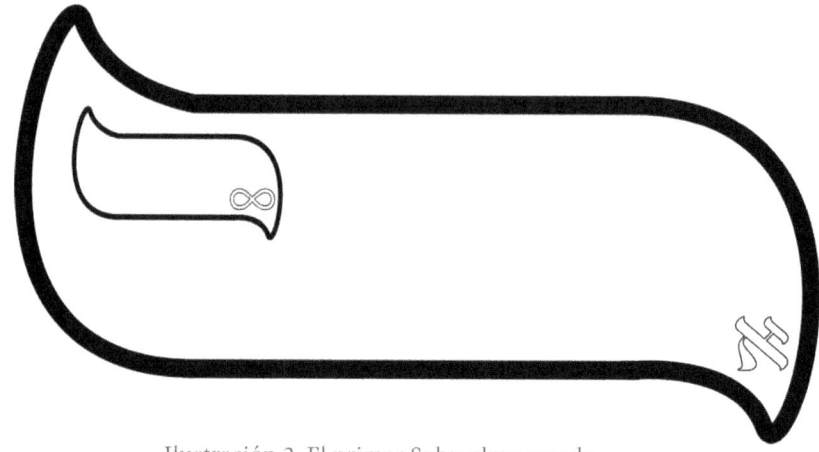

Ilustración 3. El primer Sobrealma creado

La Ilustración 3 demuestra una llama más chica, el primer Sobrealma que el Creador hizo de Sí mismo, contenida dentro de la llama grande. Fue como una chispa que brotó del fuego de una fogata, pero que siguió siendo parte del fuego. En las ilustraciones, en la parte baja de la esquina derecha, demuestro una llama del Sobrealma con el símbolo de infinidad.

A medida que la Creación se desarrolló, múltiple Sobrealmas fueron creados, como demuestra la Ilustración 4. Todos los Sobrealmas, y toda la Creación, existieron dentro del Creador, así como fueron creados de Él mismo. Muchas de las enseñanzas del Sobrealma vienen de Stewart y Janet Swerdlow, y Dolores Cannon. Es a menudo referido como nuestro Ser Superior, o Santo Ángel de la Guardia.

El Sobrealma es la parte de nosotros que nos conecta al Origen, a la Llama Divina, al Creador. Es la parte de nosotros que trasciende nuestro actual sistema de vida – abarca todas nuestras vidas a través del tiempo.

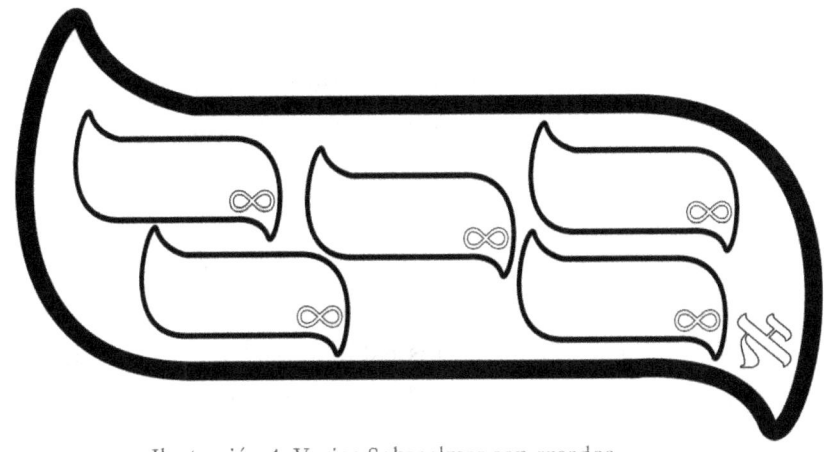

Ilustración 4. Varios Sobrealmas son creados

Otra forma de pensar, es imaginar al Origen, al Creador, como una playa arenosa inmensa. Los cuadros de construir para la creación están compuestos de los elementos, en este caso, la energía de la arena.

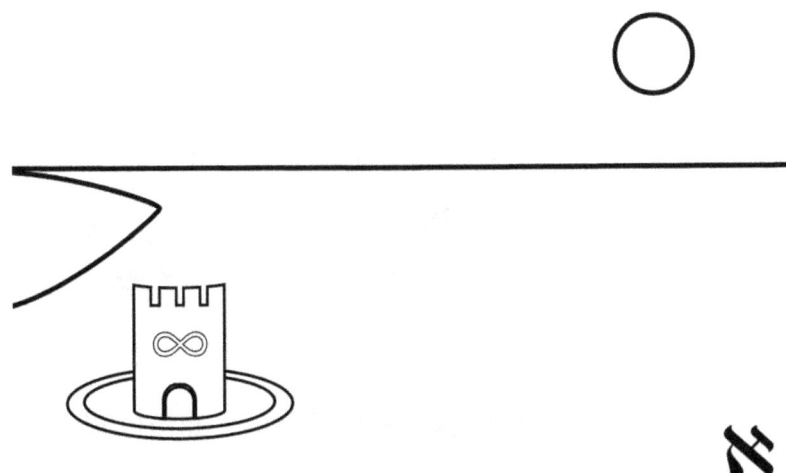

Ilustración 5. El Sobrealma como un castillo de arena

De la arena, se construye el foso de un castillo, como se demuestra en la Ilustración 5. El foso delinea cada torre del

Sobrealma con las torres del castillo representando posibles vidas. Cuando cada vida está completa, regresa al Sobrealma. Con el tiempo, quizá el Sobrealma regresa al Origen, así como la arena del castillo eventualmente se emerge otra vez con la playa.

Este concepto está ilustrado en la Ilustración 6, demostrando múltiple Sobrealmas, o castillos de arena atravesando la misma playa. Los castillos están separados y son individuales, pero todavía son parte de la playa, y vienen de la misma arena. Aún más, cada vida, o torre, está conectada al Origen a través del castillo de arena del Sobrealma.

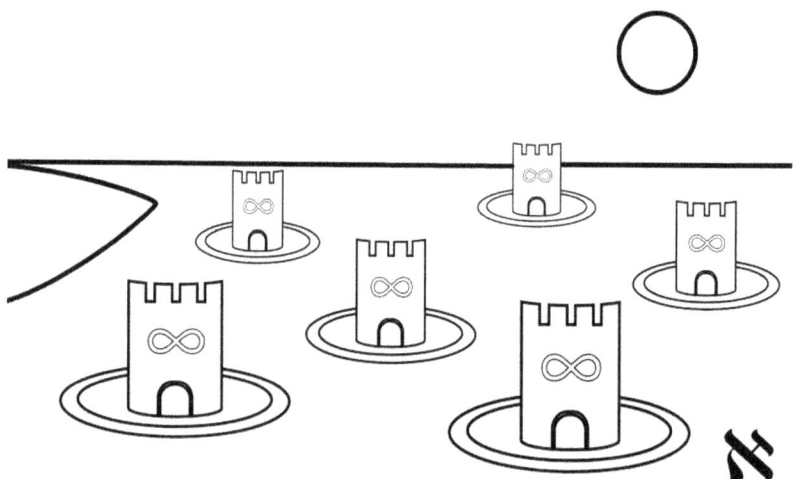

Ilustración 6. Múltiple castillos de arena en la misma playa

## Así Que, ¿Qué Es Espiritualidad?

Yo creo que en su núcleo, la espiritualidad es reconocer la Divina chispa que tenemos dentro cada uno de nosotros. Todos tenemos conexión directa al Divino, al Creador, nuestro Origen.

Nos podemos conectar a nuestra Sobrealma, y por lo tanto al Creador, a través de nuestros corazones. Todos somos chispas Divinas, por decir, flotando alrededor del universo físico, teniendo experiencias físicas.

Viviendo espiritualmente, entonces, es simplemente vivir con el conocimiento de que la Divina chispa se encuentra dentro de nosotros. Cuando vivimos con este conocimiento, vivimos a través de esta divina chispa en nuestro corazón.

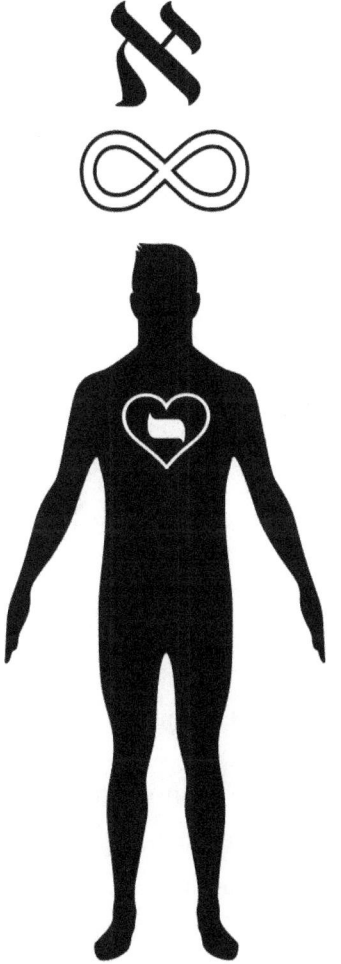

Ilustración 7. La chispa interna en nuestros corazones

Como podemos ver en la Ilustración 7, nosotros nos conectamos al Creador a través de nuestra Sobrealma, el cual está conectado a la chispa en nuestros corazones.

Cuando vivimos espiritualmente, también reconocemos la Divina chispa en otros, aunque nos gusten o estemos de acuerdo con ellos o no. Ellos también proveen del mismo Origen, el Creador, y están conectados a través de sus Sobrealmas, como se encuentra ilustrado en la Ilustración 8.

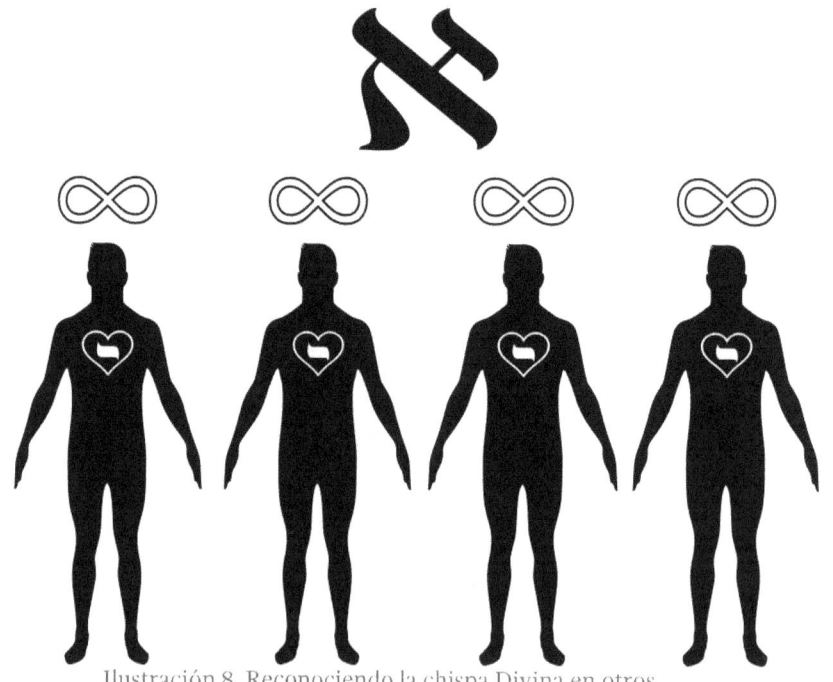

Ilustración 8. Reconociendo la chispa Divina en otros

Cuando nosotros reconocemos la chispa Divina dentro de nosotros mismos, y dentro de otros, nos podemos conectar unos a otros en un modo real. Compartimos nuestros gozos, nuestro dolor, nuestros sufrimientos, nuestras experiencias, viviendo de nuestros corazones. En este caso, no hay persona superior a otra. Vivir espiritualmente no es vivir en una actitud "más santo que tu", pero reconociendo nuestra experiencia humana, y compartiendo uno a otro nuestros dolores y gozos como iguales, como chispas Divinas – como humanos.

Vivir espiritualmente también es vivir en alegría.

Cuando mi tío misionero estuvo viviendo en un lugar remoto en la selva del sur de México, mi hermano y yo fuimos a visitarlo por un par de días. Las personas del lugar no tenían nada, en cuanto a términos modernos materiales. Eran extremadamente pobres. Sin embargo lo que nos sorprendió fue que a pesar de su pobreza aparente, eran muy dadivosos y parecían ser felices. No importaba a dónde íbamos, siempre se nos ofrecía algo. Esta gente no tenía nada y sin embargo nos ofrecían todo lo que tenían.

Yo experimente una generosidad y alegría del espíritu similar cuando pertenecí al programa Peace Corps en Sudáfrica. Una vez más la alegría, y el espíritu de generosidad de las personas en las villas rurales, me sorprendieron. Aun cuando ellos mismos batallaban para sobrevivir, le ofrecían a los extranjeros todo lo que tenían que ofrecer.

De estas experiencias, he realizado que la alegría y la paz interior no vienen de cosas o posesiones materiales. Vienen de dentro, de estar consciente de la conexión al Ser a través de la chispa Divina dentro de uno. No importa cuánto tengas o cuánto dinero haces – no podemos llevarnos estas cosas con nosotros cuando nuestros cuerpos mueran. Por lo tanto, alegría verdadera viene de vivir espiritualmente, de estar conscientes de nuestra conexión con el Divino Origen.

Así que ¿cómo recordarnos de esta conexión a la Divina chispa dentro de nosotros, en nuestra vida cotidiana? Después de graduar de la Universidad de Arizona, ingrese en el programa de Peace Corps y fui a Sud África por un año. Al regresar, me fui directo a el Colegio de Maestría, conocí a mi esposa, nos casamos, tuvimos dos hijas, trabaje tiempo completo, y más. La vida sigue. Pero sin embargo en todo ese tiempo seguí buscando mi entendimiento de espiritualidad, tratando de encontrar la verdad, tratando de reconciliar mi corazón con mi mente.

En el resto del libro, quiero explorar las implicaciones de tener una chispa Divina dentro de uno – o por lo menos de estar consciente de ello – y buscar maneras de vivir espiritualmente e interceptar por dentro una guía, paz y alegría interior.

Si tu miras un bebe, la mayoría de los bebes son felices y alegres – por lo menos cuando sus necesidades inmediatas son atendidas. Nosotros nacemos con un gozo natural, y podemos volver a este estado si nos lo permitimos.

¿Seguramente usted se estará preguntando, nos es vivir espiritualmente solo para personas sagradas? ¿Que no requiere un compromiso de mucho tiempo? Enseguida, déjanos disipar algunos de los mitos acerca de vivir espiritualmente.

# ¿Es Vida Espiritual Exclusivamente Para Personas Espirituales?

Si viviendo espiritualmente se oye como que podría ser mucho trabajo, o si tienes miedo de parecer "más sagrado que tu hermano" y que la gente te haga menos porque estás viviendo espiritualmente, entonces estás equivocado. Vivir espiritualmente no es necesariamente hacer algo, solo es estar consciente de quién eres, de dónde vienes y cuál es tu propósito. Aún más, todos somos espirituales, ninguno es más que el otro. La diferencia entre nosotros es el nivel de conciencia que tengamos de ello.
Por seguro yo no soy perfecto. Yo sé que todavía cometo muchos errores. Siendo espiritual o viviendo espiritualmente, no se trata de vivir una vida perfecta, o ser mejor que otro. Es aceptar tu ser, tu humanidad, y vivir tu vida con un propósito. Es escuchar tu corazón y seguir la guía de la Divina chispa dentro de él. Así que no pienses que no eres suficientemente bueno para vivir espiritualmente, o que no lo mereces. Al nacer, es nuestro derecho reconocer la Divina chispa dentro de nosotros y de los otros.

Comenzaremos por disipar otros mitos acerca de poder vivir espiritualmente.

## Debes de ser religioso o acudir a la Iglesia

Muy seguido, personas piensan, bueno, debes de ser religioso o acudir a la Iglesia para poder ser espiritual. Piensan que debes de pertenecer a una religión o fe, o profesar cualquier tipo de creencia para poder ser espiritual. Este no es el caso.

Mientras que la religión organizada, una tradición de fe o una iglesia pueden introducir el concepto del Divino Creador, y ayudar a reconocer el Divino dentro de cada uno de nosotros, no es necesario pertenecer a una iglesia, atender, o tener fe religiosa para poder reconocer la Divina chispa que se encuentra dentro de ti, en tu propio corazón.

Asistiendo a una iglesia, o creyendo en XYZ, no cambiara la esencia de quien eres. Todos tenemos acceso directo al Creador a través de nuestros Sobrealmas. Siempre seremos seres espirituales de corazón. Podríamos pensar que somos personas malas si no atendemos a la iglesia o creer como lo hacen otros, pero eso no cambia la realidad de que hay una chispa Divina dentro de cada uno de nosotros. ¿Cómo puede ser malo eso?

Aun los ateos, si desean reconocerlo o no, son seres espirituales, compartiendo el mismo Origen del Creador. Ateísmo es solo otra manera de creer. No importa que creamos, eso no cambia quienes somos en nuestros corazones.

Algunas personas creen que solo seguidores de su fe o de la religión tradicional son "salvados" y que el resto serán condenados. Lo que no realizan es que el Creador se encuentra en cada uno de nosotros, y que todos regresaremos a nuestro Origen. El Creador también formó no-creyentes, y también son receptores físicos de la Divina chispa.

Finalmente, es posible ser extremadamente religioso, atender a la iglesia regularmente, y no ser nada de espiritual. Algunas de las prácticas religiosas están encaminadas a seguir sus reglas y leyes sobre todas las cosas, en lugar de vivir espiritualmente y reconocer la Divina chispa en cada uno de nosotros. También tenemos religiosos extremistas, fanáticos que algunas veces son manipulados para cometer actos atroces en el nombre de su dios. Ellos están actuando solo a través de su mente y no de su corazón.

Así que siendo religioso no necesariamente significa viviendo espiritualmente. Es posible ser religioso y seguir las leyes, pero no darse cuenta de la increíble chispa Divina, la parte del Divino fuego que reside en nuestros corazones, dentro de cada uno de nosotros.

## Debes de meditar de día y de noche

También existe una idea errónea que para ser espiritual, uno debe de meditar por largos periodos de tiempo, preferentemente en una cueva, o quizá en una iglesia o en una comunidad religiosa, si no hay cueva disponible.

La meditación es maravillosa y puede ser extremadamente poderosa. Nos ayuda a extender nuestro sentimiento de quienes somos, y nos ayuda a estar más conectados a la Divina chispa dentro de nosotros. Yo definitivamente recomiendo meditación como una práctica espiritual, y existen varios tipos de meditación que pueden ser utilizados.

Sin embargo, para la mayoría de nosotros no es real esperar que meditemos por más de una hora al día. Tenemos suerte si podemos hacer campo para meditar treinta minutos al día. Para vivir espiritualmente no es necesario meditar, pero si podemos tomar por lo menos diez minutos al día para conectarnos a nuestros corazones y recordarnos quienes realmente somos, ¡puede definitivamente ayudar! De cualesquier modo, meditar no es un requisito para vivir espiritualmente. Y aunque no puedas meditar o no sabes cómo, todavía puedes vivir con el conocimiento de la Divina chispa en tu corazón. Es suficiente estar consciente de la Divina chispa en tu corazón y en el de los otros.

Por cierto, mucha meditación puede ser contraproducente, porque estamos en el mundo físico para sentir su experiencia, no para escaparlo. En el siguiente capítulo regresaré a lo que yo pienso es nuestro propósito en la vida, pero recluyéndonos o protegiéndonos de experiencias de la vida van en contra de lo que pienso es nuestro propósito. Para cumplir nuestro propósito, debemos vivir en el mundo y participar en él, no tratar de esconderse o escaparse.

## Debes deshacerte de todas tus posesiones

De algún modo, nosotros asociamos dinero, riqueza y posesiones materiales con lo contrario de espiritualidad, pero los dos no son necesariamente mutuamente excluyentes.

San Francisco de Asís es quizá uno de los ejemplos más conocidos en la cultura del Oeste, de un muchacho mundano rico convertido en santo. Nacido en el siglo doce, regaló toda su riqueza y posesiones materiales y escogió vivir en la pobreza. Querido por muchos, él es el ejemplo de espiritualidad Cristiana del Oeste.

Sin embargo, las posesiones materiales y las riquezas no están relacionadas a la concientización de su conexión al Creador. Ambos pobres y ricos son capaces de reconocer la Divina chispa en cada uno de nosotros.

El dinero en sí no es malo, pero representa una forma de energía que facilita cambios. Siendo pobre, o tomando voto de pobreza, no significa que uno es espiritual. Por otro lado, siendo rico no significa que es corrupto o malo o que no es espiritual. Hay varias personas con riquezas que considero ser espirituales profundos, como el ya pasado Wayne Dwyer. Así que no es necesario tomar voto de pobreza para vivir espiritualmente.

## Uno debe estar a distancia o ser místico

Cuando algunas personas piensan en espiritualidad, se imaginan a alguien como un gitano que lee fortunas, usando bata larga y cristales colgando de sus cadenas del cuello. Esta imagen de personas que son psíquicos, o espiritualmente alerta, de un modo u otro invade nuestra cultura popular.

Lo que hace a alguien espiritual, sin embargo, no es escaparse de la realidad, si no aceptarla. Una persona verdaderamente espiritual está ubicada firmemente en la realidad, y no niega lo que es. Ser espiritual no es ser ligero o místico, por el contrario, todos tienen la habilidad de ser espiritual simplemente estando consciente de la Divina chispa en nosotros, y en la de otros, en su vida diaria.

Algunas de las personas más conscientes de su espiritualidad que yo he conocido, no se perciben como psíquicos ligeros o superficiales, sino que son personas importantes de negocios o dirigentes. Ellos están sentados en la realidad, y viven en el mundo presente, tomando decisiones en lo que es, y no en lo que debería ser o que les gustaría que fuera.

## Debes de ser perfecto

Otro malentendido acerca de la espiritualidad, o vivir espiritualmente es que uno debe ser perfecto, como un santo. Cuando tú estás consiente de la Divina chispa en nosotros y en otros, tiendes a reaccionar diferente a diferentes circunstancias, pero no significa que eres o serás perfecto.

Aun los santos no fueron perfectos. ¿Pero qué es perfecto? Por su definición, parece ser que nadie puede ser perfecto, ni deberíamos tratar de serlo. Debemos ser sinceros con nosotros mismos, y no tratar de vivir hacia un ideal inalcanzable.

Todos somos humanos, sometidos a las mismas necesidades básicas y deseos. Todos nos enfrentamos a las mismas tentaciones. Todos batallamos con lo que la mente quiere, y lo que el corazón nos dice ser verdadero.

Varios de los santos vivieron vidas no tan ejemplares antes de que su corazón cambiara. Definitivamente, ellos no fueron perfectos. Todos hemos tomado decisiones equivocadas en el pasado. Deberíamos aprender de ellas y continuar. Nadie es perfecto, pero nunca es muy tarde para comenzar a vivir espiritualmente, y conectar con la Divina chispa en tu corazón.

## Debes de creer que todo es amor y luz

Desafortunadamente, hay una tendencia en algunos, especialmente en los círculos del movimiento de la Nueva Era, de creer que todo es amor y luz. Uno nada más tiene que ver el estado presente del mundo para saber que no es verdad. En realidad, el mundo está lleno de dolor y sufrimiento. Hay obscuridad en el mundo, y sabemos que la maldad existe.

En un sentido más abstracto, es posible para personas que no tienen el mejor interés por los demás, de enmascararse y presentarse como personas de luz. Uno debe tener cuidado y usar su propio criterio, confiando en su propia intuición y en lo que el corazón le está dictando. La maldad puede enmascararse como luz.

Viviendo espiritualmente no significa ignorar el dolor y la obscuridad que experimentamos en esta realidad física, o pretender que no existe, y que todo está bien. Viviendo espiritualmente significa viviendo del corazón, aceptando lo que es, los dos luz y obscuridad, viviendo el presente. No todos viven del corazón, así que continuara habiendo conflicto mientras la mente siga tratando de dominar el corazón.

Si la mente representa energía masculina, y el corazón representa energía femenina, entonces la mayoría de las personas se encuentran fuera de balance entre las dos, así como nuestro mundo está fuera de balance entre humanidad y naturaleza. Nuestro gobierno y mundo de negocios aún se encuentran dominados por el masculino, energías mentales, y necesitan ser balanceados con el femenino, energía del corazón.

## Debes de creer que no existe la maldad

Así como nosotros podríamos ser engañados en creer que todo es amor y luz, el corolario sería que íbamos a ser engañados a creer que no existe la maldad.

Sí, en nuestros corazones estamos conectados al Creador, pero todavía tenemos voluntad propia y podemos escoger a vivir como si no lo fuera. En lugar de reconocer a otros como iguales que contienen la Divina chispa y que deberían ser honorados y respetados, nosotros podemos creer que somos superiores a otros e imponer nuestra voluntad en ellos.

Para algunos, la imposición de la voluntad de alguien más, contra su propia voluntad, es la definición de maldad. Si este es el caso, entonces sabemos que esto pasa todo el tiempo, y por lo tanto sabemos que la maldad existe.

Otra vez, viviendo espiritualmente no significa que escondamos nuestra cabeza en la arena e ignoremos el dolor y sufrimiento alrededor de nosotros. La maldad existe, y tenemos la oportunidad de reconocer el Origen del Creador por el que provenimos, y seguir la guía de la Divina chispa en nuestros corazones a través de nuestra conexión con el sobre alma, o podemos permanecer ignorantes, o ignorarlo, y seguir únicamente nuestras mentes.

## El sufrimiento debe ser evitado

Relacionado a los dos mitos anteriores es la creencia de que viviendo espiritualmente significa evitar el dolor y sufrimiento.

Nosotros sabemos que no todo es amor y luz, y que la maldad existe, así que habrá dolor y sufrimiento. Dolor y sufrimiento parecen ser parte de la experiencia humana. De niños, cuando nos caemos y nos raspamos nuestra rodilla, aprendemos del dolor físico y como cuidar nuestros cuerpos. De adolescentes y adultos jóvenes, aprendemos del dolor de terminar una relación, así que también aprendemos que hay dolor emocional y sufrimiento.

Si estamos viviendo espiritualmente, no significa que no vamos a experimentar dolor ni sufrimiento. Continuaremos sintiendo dolor físico cuando nuestros cuerpos sean dañados, y sufriremos por la pérdida de un ser amado, aún si reconocemos que su alma era una chispa Divina y continua existiendo dentro de su sobre alma.

Viviendo espiritualmente nos ayuda a sobrellevar el dolor y sufrimiento en nuestras propias vidas. Nosotros sabemos que nuestros cuerpos son vehículos temporales en el que experimentamos la realidad física de este momento, pero que sobretodo, contenemos una chispa del Divino que continua existiendo a través de nuestra Sobrealma.

También nos puede ayudar a tener más compasión a esos que están pasando por dolor y sufrimiento cerca de nosotros. Viviendo espiritualmente, reconocemos la Divina chispa en otros, y nos podemos conectar con su dolor y sentir compasión por ellos a través de nuestros corazones.

## Debes de creer en el alma

Aunque en el capítulo anterior, y en el siguiente capítulo, presento mi modelo simple o entendimiento, de quienes somos y de dónde venimos, no es necesario estar de acuerdo con estos principios para poder vivir espiritualmente o para ser espiritual. Es más, ¡es posible vivir espiritualmente, y no creer en nada! Pero, solo la palabra espiritual contiene la palabra "espíritu" el cual implica una creencia en alguna parte de nosotros que no es física y quizá eterna.

¿Viviendo espiritualmente requiere una creencia en el alma, o algo como la chispa Divina dentro de nosotros? Me imagino que eso depende de cómo defines viviendo espiritualmente. Uno podría argumentar que sí, vivir espiritualmente es reconocer el espíritu, o *algo* dentro de nosotros. Y también es posible creer que tenemos alma, y aun no vivir espiritualmente. A la inversa, también es posible no creer que tenemos alma, y vivir en paz, respetando el derecho de cada uno de nosotros de ser y tomar nuestras propias decisiones.

La difícil situación de la experiencia humana es que *no podemos* saber con certeza que nosotros somos chispas del Divino, que las almas existen. No existe el modo de comprobar sin lugar a dudas, con los instrumentos científicos de hoy, que somos algo más que nuestros cuerpos. Así que el modelo que he propuesto, como muchas otras creencias religiosas, admito requieren una pizca de fe. En mi caso, mi conocimiento interior proviene de mi propia experiencia de joven al sentir la presencia del Divino.

La alternativa, sin embargo, es creer que no somos nada más que inteligentes máquinas biológicas sofisticadas, no obstante la pregunta de quién creó estas máquinas, y de donde vinieron. Si nosotros somos nada más nuestros cuerpos, entonces ¿por qué no mejorar los cuerpos usando nuestra tecnología y hacernos organismos cibernéticos? ¿Porque no ponemos microchips a todos? ¿Puede nuestra ciencia figurar cómo cargar nuestras memorias y personalidades a las computadoras? ¿Puede la inteligencia artificial, y por lo tanto robots, hacerse superior a nosotros y reemplazarnos?

Estas son preguntas válidas.

¿Es posible para nuestras almas, o la Divina chispa, habitar un cuerpo de diferente forma – por decir un automóvil, o una computadora? Supongo que es posible, si todo es posible.

Pero, no es posible para los humanos hacer esto en este tiempo. No tenemos la tecnología, o suficiente entendimiento del alma para cambiarla de un lado a otro – por ejemplo cambiar cuerpos – así que en este tiempo, nuestros robots y supercomputadoras no tienen alma, o Divina chispa, puesto que son creadas por nosotros. Nosotros somos sus creadores. La mayoría de nosotros reconocemos que las computadoras, no importa que tan inteligente se han convertido, no están "vivas" en el sentido del que nosotros entendemos por vida.

## Debes creer en Dios, o en un Creador

Así como es técnicamente posible vivir espiritualmente y no creer en el alma, o en la chispa Divina, me supongo que también es técnicamente posible vivir espiritualmente y no creer en el Creador.

Siendo espiritual es estar uno consiente de nuestra propia existencia viviendo en contacto con el corazón, aceptando lo *qué es* en el presente, y tomando uno responsabilidad de sus propias acciones. Piénsalo de este modo, creer en un alma, o en Dios, o en el Creador, no es requerido técnicamente. Aún más, creer en algo, no es requerido. La única creencia requerida, supongo, es la creencia de que todos fuimos creados iguales, y que cada uno de nosotros tenemos el derecho de tomar nuestras propias decisiones, moldeando nuestras propias vidas como deseemos vivirla. Podemos vivir espiritualmente simplemente ejercitando el respeto humano básico.

## Espiritualidad es para otros

En mi modelo de entendimiento, *todos* podemos vivir espiritualmente, porque cada uno de nosotros es un ser espiritual, conteniendo una chispa del Divino dentro de nosotros. Por lo tanto, estando alerta y reconociendo tu propio espíritu está dentro de tus posibilidades, sin importar lo que hayas hecho en el pasado, o en lo crees o no crees. En mi modelo de entendimiento, *todos* somos seres espirituales teniendo experiencias físicas, así que cada uno puede "ser espiritual" o vivir espiritualmente.

Viviendo en el mundo físico, hemos aprendido que los recursos son limitados y escasos. Desafortunadamente, esto lo podemos proyectar al terreno "espiritual" en donde esto no es verdad. No hay escases de amor por parte del Creador a su creación. No hay escases de espíritu o de energía. No hay límite para amar. Aún si no hemos experimentado amor por los que nos rodea en nuestras vidas terrenales, todavía podemos encontrar un pozo-primaveral de amor muy dentro de nosotros, dentro de nuestros corazones, a través de nuestra conexión al Creador. Todos debemos sentirnos amados en abundancia por el Universo.

## No puedes ser espiritual y sexual

Uno de los conceptos erróneos más grandes, por lo menos en la cultura tradicional del Oeste, es que ser espiritual significa no ser sexual y sensual, y viceversa. Existe una tradición que viene de miles de años atrás, en donde a los dirigentes religiosos, se les esperaba vivir en abstinencia y renunciar a todos los deseos corporales, particularmente deseos sexuales. La abstinencia sexual es asociada con la vida religiosa de hoy, de sacerdotes y hermanas de la caridad que pertenecen a la Iglesia Católica tomando votos de abstinencia.

Algunos creen, como los puritanos que vinieron a América, que sexo es exclusivamente para la procreación. Así que, el acto sexual, fuera de la procreación, era de algún modo sucio, o malo. Varias de estas nociones Victorianas aún permanecen con nosotros, con algunos subconscientemente. La idea de alguien que es espiritual y que también pueda ser sexual parece blasfemos, y viceversa.

La verdad es, espiritualidad y sexualidad no son exclusivas una de la otra. No se trata de escoger entre gozar los placeres de la carne, o ser espiritual. Si viviendo espiritualmente es vivir con el conocimiento de quienes y qué somos, entonces el deseo sexual es parte de quienes somos – la necesidad de conectar con otros – y deberíamos aplicar el vivir espiritualmente a nuestra vida sexual. Estando en el presente y consiente, al hacer el amor a la persona que amamos, es profundamente espiritual.

La sexualidad sagrada está ganando conocimiento y popularidad alrededor del mundo. La idea general es que la unión física puede ser un cambio poderoso de energía y amor entre dos personas, si está hecho con pleno conocimiento, en el presente, a través de la conexión al corazón. ¡Son dos Divinas chispas juntándose, aún por un segundo, para ser uno! También abre la posibilidad de que otra Divina chispa entre al mundo.

Practicar la sexualidad sagrada puede ayudar a aumentar el conocimiento de cada parte de tu cuerpo, de la energía circulando alrededor de tu cuerpo, y hasta de la Divina chispa dentro de ti. En este sentido, practicar sexualidad sagrada solo puede aumentar tu espiritualidad, haciendo de esto, un acto espiritual. La próxima vez que hagas el amor, toma tu tiempo, percátate de todos tus sentidos, preséntate completo a tu enamorado, y sigue tu corazón.

Lejos de ser esto algo sucio, o algo vergonzoso, poco realizamos que nuestro cuerpo, y sexo en particular, es actualmente uno de los regalos más poderosos y bellos que el Creador nos ha dado. Como cubriré en el siguiente capítulo, yo creo que una de las razones que existimos es para crear. El deseo sexual es energía creativa, de las cuales sale la vida. Carga nuestra propia creatividad, y hasta nuestro deseo de vivir.

El instinto creativo es uno de los más poderosos que tenemos. Tenemos una necesidad de crear – crear cosas bellas; crear sonidos bellos; hasta crear negocios y productos que hagan nuestra vida más fácil. Esta necesidad de crear y explorar la realidad, viene de dentro, de nuestra chispa Divina, y es generada por nuestra energía sexual. Muy seguido, cuando conservamos nuestra energía sexual, encontramos que estamos más inspirados o más creativos. La energía creativa necesita una salida. La fuerza sexual creativa, bien encaminada, puede ser usada para aumentar nuestra espiritualidad, ayudarnos a crear lo que nuestros corazones nos dictan, y ayudarnos a formar conexiones duraderas con esos que amamos. Sin esta fuerza creativa, no podríamos experimentar pasión o el deseo de vivir. Debemos respetar el poder de la energía sexual que tenemos, y dejarla llevarnos más cerca al conocimiento y la creatividad, en lugar de empujarla fuera, escondiéndola y sintiendo vergüenza.

## Tienes que ser feliz todo el tiempo

¿Has conocido alguna vez a una persona que parezca estar feliz, *todo* el tiempo? No parece natural y a veces parece espeluznante, ¿no? ¿Cómo puede uno ser tan feliz, *todo* el tiempo? Todos tenemos nuestras alzas y bajas, así que no podemos estar felices, *todo* el tiempo.

Viviendo espiritualmente no es evitar los contratiempos que te da la vida – es enfrentar la realidad, viviendo en el presente. La meta no es permanecer en un estado perpetuo de felicidad, como si fuéramos miembros de un culto. La meta es vivir en el presente, aceptando lo bueno y lo malo. No todo te hará feliz, estamos destinados a experimentar dolor y sufrimiento, decepciones y hasta un corazón roto.

Yo creo que hay diferencia entre ser feliz y vivir en alegría. La felicidad es una sensación fugaz. Si recibo un bono del trabajo, me siento feliz mientras ocurre. Si soy despedido de mi trabajo, no me sentiré feliz por lo menos en mucho tiempo. Nuestro estado de ánimo cambia constantemente, así que podemos ir de feliz a estar deprimido o triste y viceversa, en un parpadeo.

Por el otro lado, alegría es lo que sientes en tu corazón, cuando sabes de dónde vienes, quien eres, porque estás aquí, y a dónde vas. Alegría es un resultado natural de estar consciente y vivir espiritualmente. Aun cuando estás pasando por tiempos difíciles, por ejemplo, si acabas de ser despedido, cuando vives espiritualmente, sabes que las cosas se compondrán al final y que la vida seguirá. Esto trae cierta paz interna, este conocimiento interno, que se transforma en alegría verdadera.

Esta alegría también puede ser extendida a nuestras vidas como cuando pierdes a un ser querido. Si nosotros sabemos en nuestro corazón que la otra persona era una chispa del Divino, y que regresó al Origen, entonces sabemos que de alguna forma estarán vivos y vamos a poder reunirnos con ellos al final de nuestra vida física. Aunque extrañemos su presencia física, podemos estar seguros que ya no sufrirán en esta vida física. Así mismo, seguido, cuando alguien sabe que su muerte física está cerca, puede encontrar la paz y alegría interior aceptando su muerte inminente, y preparándose para dejar esta vida, y entrar a la siguiente fase de su existencia.

## Debes creer que no lo mereces

Finalmente, algunos creen que para ser espiritual, debes de creer que no eres merecedor del amor Divino o de tener alegría eterna. Sin la Divina gracia o intervención directa, estaríamos condenados a sufrir en el infierno por toda la eternidad.

Algunos piensan que nosotros como pequeños mortales no somos merecedores del amor y gracia de Dios por nuestro propio mérito. Esto sería cierto si ves a Dios como un ser separado que existe fuera de la creación, pero en mi modelo o paradigma, en mi entendimiento, toda la Creación existe dentro del Creador, y nosotros como humanos contenemos una chispa del Creador dentro de nosotros, por lo que estamos todos conectados directamente al Creador a través de nuestra Sobrealma. Si este es el caso, entonces no hay duda de ser merecedor o no. La chispa dentro de nosotros es parte del Divino – no hay juicio o pregunta acerca de ser merecedor o no.

Sin embargo, otros creen que como raza humana, hemos caído y necesitamos ser salvados o redimidos. Estas personas piensan que para ser espiritual, uno primero debe de ser salvado y tener un salvador. Algunos van tan lejos de creer que si uno no cree en su salvador, entonces están condenado a permanecer una eternidad en el infierno.

El problema con este punto de vista es que implica que el modo en que el Creador nos creó, no es suficientemente bueno, y nos coloca a nosotros personas humanas como víctimas. También nos posiciona separados del Creador, implicando que nosotros como humanos no estamos conectados al Creador, por lo tanto necesitamos la ayuda del Creador para llevarnos otra vez a Él.

Subconscientemente, esto introduce la mentalidad de víctima en nuestras mentes y creencias, pero también en nuestra cultura. Somos, frágiles e imperfectos, incapaces de conectarnos al Creador por nosotros mismos, por lo tanto debemos ser salvados. Como víctimas, entonces, pensamos que no podemos salvarnos solos o arreglar nuestros propios problemas, así que es mejor esperar a que algo o alguien venga a salvarnos. ¡Pero el Creador está aquí, dentro de cada uno de nosotros, en la Divina chispa que existe en cada uno de nuestros corazones!

En mi opinión, las ramificaciones de estas creencias han sido desastrosas. En lugar de tomar responsabilidad de nuestras propias decisiones o acciones, estamos constantemente buscando una fuerza de fuera que venga a limpiar nuestros desastres, pidiendo perdón con la esperanza de ser salvados. Ya existe una chispa del Divino dentro de nosotros, así que no hay nadie que venga a salvarnos o que nos salve de algo. Tenemos acceso directo al Creador, el cual no se sienta a juzgar a su creación, puesto que Él permite todas las cosas, y todas las cosas vienen de Él.

Otro peligro es que a través de la mentalidad de víctima, como personas, nos sumimos en nuestra miseria y nos quejamos de nuestros problemas, y luego esperamos que alguien o algo más venga a salvarnos de nuestros problemas, limpiar nuestros errores, y ponernos el cielo en la tierra. Algunos van más allá de creer que está bien contaminar y ensuciar nuestro medio ambiente, porque cuando esta fuerza externa venga, todo va a ser arreglado y limpiado otra vez.

La realidad es que no existe una fuerza externa que va a venir y limpiar nuestro desorden y salvarnos de nosotros mismos. Si nosotros hacemos nuestro medio ambiente tan tóxico que nos pueda matar, entonces, será nuestra propia culpa y moriremos. Si nosotros emprendemos guerras sin fin que matan un sinnúmero de personas inocentes, entonces eso también es nuestra culpa, y debemos de tomar responsabilidad y enfrentar las consecuencias. El Creador permite todas las experiencias, aún si fuera la destrucción del planeta entero y todos sus habitantes.

No, yo no creo que el Creador nos creó para sentarnos y quejarnos de nuestros problemas, que nosotros mismos creamos, y esperar a que algo o alguien venga y nos los arregle. Más bien, yo creo que como humanos, tenemos la capacidad de crear un mundo en el que queramos vivir, encontrando soluciones creativas a nuestros problemas, y tomando responsabilidad por todas nuestras decisiones. No tenemos a nadie más que culpar por nuestros propios problemas que a nosotros mismos.

Este libro, viviendo espiritualmente, es acerca de asumir responsabilidad por tu propia espiritualidad – reclamando tu propia chispa Divina, como tu propósito de ser. Con esto, puedes crear tu propia vida. No podemos cambiar a otros, pero podemos comenzar por cambiar el mundo como nos gustaría que fuera, trabajando en nosotros mismos y siendo el tipo de persona que queremos ser.

Ahora que ya hemos disipado algunos de los mitos de vivir espiritualmente, ¿porque nos debe importar vivir espiritualmente? ¿Qué importancia tiene? ¿Qué diferencia hace?

Después de veinte años de búsqueda, me gustaría compartir las respuestas que encontré, que se reconcilian con mi mente, con mi corazón.

# ¿Y Cuál Es El Punto De Todo Esto?

Si eres como yo, varias veces te has preguntado "¿Cuál es el punto de todo esto, de todos modos?" Creces, vas a la escuela, tienes un trabajo, te casas, tienes hijos, si tienes suerte te jubilas, y luego un día mueres. Nuestra vida diaria se siente como si estuviéramos en una rueda de hámster – levantándonos, yendo a trabajar, recogiendo los niños, cenando, yéndonos a la cama, y al siguiente día haciendo lo mismo.

En nuestros trabajos, nos podemos sentir nada más como otro eslabón en la máquina, trabajando para hacer dinero para alguien más. Nos dicen que todos somos reemplazables, haciéndonos sentir prescindibles. Ya no existe seguridad en el trabajo.

Aún más, la sociedad seguido nos hace sentir insignificantes, como si nada más fuéramos otro número. Hay billones de personas en el planeta. ¿Cómo puede el gobierno seguir nuestras vidas? Lo hacen al asignarnos un número. ¿Cómo podemos esperar que cualquiera de nosotros haga un impacto significante en el mundo, cuando nada más somos uno de billones, no tenemos dinero, y no tenemos poder para hablar? ¿Cuál es el punto de esto?

Trabajamos, vivimos y luego nuestro cuerpo muere. ¿Qué tenemos que enseñar al final? ¿Qué tenemos para dejar de legado?

Sin ningún propósito o significado en nuestra vida, es fácil caer en desesperación y volvernos deprimidos. Verdaderamente, viviendo como un robot es deprimente. No somos únicamente máquinas biológicas. No somos robots. *Necesitamos* crear, ser creativos, amar. Somos mucho más que trabajadores, o más que solo otro número. Tiene que haber algo más para esto que se llama vida.

## Respuestas procedentes de las religiones

Algunas veces encontramos la respuesta al propósito y significado de nuestra vida en nuestras religiones. Por ejemplo, yo fui enseñado de chico que solo existimos para alabar y adorar a Dios. Así que, aparentemente Dios es un Ser egocéntrico que necesita crear otros seres más pequeños para que lo alaben y adoren incesablemente. Si ese es nuestro único propósito de vivir, entonces puedo decir que como sociedad hemos fallado miserablemente a nuestro propósito.

Otros ven nuestras vidas como un tipo de prueba, para ver si somos merecedores de tomar parte en una vida misteriosa, gloriosa – después de muerto. Desde este punto de vista, todas nuestras acciones y decisiones son medidas y juzgadas al fin de nuestras vidas, para ver si somos merecedores de proseguir a un tipo de paraíso espiritual. "Dios" como un ser separado se sienta en su trono, nos mira abajo y nos juzga. Si no pasamos la prueba, dependiendo del criterio de cada religión, entonces vamos a pasar el resto de la eternidad en una tortura – todo determinado por esta vida insignificante. El modo en que vivamos nuestras vidas en los más o menos ochenta años que duremos en este planeta, aparentemente determinara como pasaremos el resto de la eternidad.

Ninguno de estos escenarios tiene algún sentido para mí. ¿Por qué un Creador poderoso crea un multiverso con un sin número de personas, nada más para alabarse? ¿O por qué Él nos iba a crear en un ambiente relativamente duro, para probarnos y ver si éramos dignos de su amor eterno, o de su eterna condenación? Me imagino que no estoy solo en pensar que esto no tiene mucho sentido.

Sospecho que en nuestros corazones, sentimos que un Creador amoroso iba a amarnos, perdonarnos y aceptarnos. Si somos chispa de la Divina Llama, entonces como parte de esa llama, ella no puede negarnos o rechazarnos. Nosotros *somos* parte del Creador, aunque sea una chispa diminuta de Ello. ¿Cómo puede el Creador condenar o maldecir una parte de Él mismo? No tiene sentido. ¿Cómo se puede juzgar Él mismo? Solo hay experiencia y aceptación de lo que es.

Existe otro pensamiento, de que la tierra es un tipo de escuela en donde continuamos regresando en vidas separadas, mientras continuamos aprendiendo, desarrollando y creciendo. Eventualmente, el modo de pensar es, vamos a conseguir hacerlo bien y el ciclo de renacimiento terminará, quizá después de miles de vidas. Quizá tarde o temprano juntaremos de regreso nuestra Divina chispa a la llama del Creador.

Uno de los problemas con este modo de pensar es que asume que el tiempo es lineal, y que la evolución va inevitablemente yendo al frente hacia el futuro. Mientras que yo pienso que múltiple vidas son posibles, como está demostrado en el Capítulo 1 a través de nuestras Sobrealmas, de acuerdo a Stewart Swerdlow, todas estas vidas existen simultáneamente. Así como el Creador existe fuera del tiempo y espacio, así nuestras Sobrealmas, nuestra Divina chispa, existe fuera del tiempo y espacio. En este sentido no hay evolución sobre el tiempo lineal, como lo percibimos.

Así que si la meta de la evolución a través de múltiple vidas, no es regresar al Creador, entonces ¿por qué estamos aquí? ¿Qué estamos haciendo aquí? ¿Por qué *estamos* aquí ahorita en este preciso punto en tiempo y espacio?

## Deducciones lógicas de mi modelo

En el Capítulo 1, yo discutí que lógicamente observamos que la Creación existe, por lo tanto es lógico que tiene que existir un Creador. Nosotros sabemos por nuestra propia experiencia, a través de nuestros cuerpos y nuestros sentidos, que por lo menos este universo existe, en este punto de espacio y tiempo. Así que, ¿de dónde viene? Tiene sentido que algo o alguien lo creó.

No es necesario creer en el Creador, o simplemente creer en nada, para vivir espiritualmente. Pero, ayuda tener un tipo de parámetro para el cual entender estas cosas. ¿Por qué estamos aquí? ¿De dónde venimos?

En el resto de este capítulo, quiero contestar estas preguntas, utilizando deducciones lógicas, comenzando por la suposición, o axioma que es usada en la filosofía, de que el Creador existe, y creó el universo que observamos. Por su propia naturaleza, estos argumentos pueden ser un poco más abstractos o filosóficos, que metafísicos.

Yo nada más soy un humano como ustedes, y obviamente no sé todo. Lejos de eso, casi no sé nada. Pero he encontrado que lo siguiente ha sido de mucha ayuda para entender nuestro propósito, por qué estamos aquí, y de dónde venimos. Estas respuestas me ayudan a encontrar paz, la cual en su turno me ayuda a estar consciente de vivir espiritualmente. Estas deducciones lógicas ayudan a mi mente, porque tienen sentido a mi mente, pero no son realmente requeridas por el corazón.

Espero que puedan encontrar de utilidad mi modelo, y las siguientes explicaciones. Espero que contribuyan a su propio entendimiento del modo en que son las cosas. Estos pueden ser cambios completos de paradigma para ti. Si es así, no tomes mi palabra como verdad, pero te urjo que hagas como yo y pienses lógicamente acerca de esto, y veas si también resuena con tu corazón. Está bien si tú no estás de acuerdo con mis propias conclusiones.

También puedes decidir que estás contento con tus creencias pasadas, y no necesitas buscar otras respuestas. Pero, aun así, le animo a que consideres puntos de vista alternativos, pues te puede ayudar a crecer en tu propia fe. Todo lo que pido es que consideres mis argumentos, y veas si conforman con tu corazón.

## Creación

Como lo entendimos, vivimos en un universo físico hecho de espacio y tiempo. Esto significa que el Creador que creó este universo debe de existir fuera del espacio y tiempo. De nuestra propia perspectiva, esto implica que el Creador es eterno – fuera del tiempo. Desde el punto de vista del Creador, no existe tiempo, así que todo existe simultáneamente. Solo existe el AHORA.

Si el propósito de la creación fue para el Creador explorar todas las posibilidades, entonces también se podría creer con razón que pudiera haber un infinito número de universos. Hasta podría haber universos múltiples que están paralelamente cerca de nosotros.

Si todas las posibilidades existen, entonces cualesquier cosa que podamos pensar existe en algún lugar en algún universo. Si no sucede en nuestro universo o en nuestro tiempo, entonces sucede en otro universo, o en otro tiempo. Si tú pudieras regresar al pasado y cambiar algo, por ejemplo, no alteraría tu tiempo original – ¡dividiría el tiempo en otro tiempo y tú experimentarías un tiempo alternativo! Todo esto puede ser como para volverse loco, pero yo creo que es apoyado por nuestro presente entendimiento de física moderna, el cual no pretendo conocer o entender.

Antes de la existencia física, solo existía energía. Antes de la energía, existía únicamente ser, o mente, y concientización. Toda la creación salió de la mente del Creador. Yo pienso que es seguro asumir que el Creador es consciente y tiene concientización. Nuestro propio consciente y concientización existen fuera de nuestros cuerpos.

Como creación significa explorar todas las posibilidades, yo creo que también es seguro asumir que el Creador tiene poder creativo ilimitado. Todo salió de la mente del Creador, fuera de Sí mismo.

En mi carrera, he trabajado en información tecnológica y he creado una buena cantidad de códigos. Si tu escribes un código en la computadora, sabes exactamente qué es lo que va a hacer, porque, bueno, porque tú lo escribiste. El código no va a cambiar y sorprenderte con un resultado inesperado por sí mismo. El único modo en que la tecnología pudiera sorprendernos es si tuviera inteligencia artificial. Entonces podría reprogramarse sola, y tener resultados diferentes.

Del mismo modo, yo creo que si el Creador creó una realidad donde Él escribió el programa, entonces el resultado sería completamente predecible. ¿Cómo podría Él explorar todas las posibilidades, si Él mismo escribió el código de la realidad?

En su lugar, yo creo que el Creador decidió crear unidades pequeñas salidas de Él mismo, que heredaran las propiedades de Él, pero que no estuvieran conscientes de las decisiones que estuvieran haciendo las otras unidades pequeñas. Estas serían unidades autónomas que tuvieran poderes similares de crear y de tomar decisiones. Si pensamos en el Creador como una llama, entonces estas pequeñas unidades son como las chispas que salieron de la llama, conteniendo las propiedades de la llama original, y siguiendo conectadas a la llama original.

Cada una de estas unidades pequeñas pudiera dividirse en otras unidades, si así lo quisiera, y cuantas veces lo quisiera. El nivel más bajo sería representado por nuestro grupo de Sobrealma, la divina chispa que nos conecta al Creador. Muy parecido como un robot de inteligencia artificial que nosotros crearíamos para ser autónomos, el Creador creó estas chispas de Él mismo para que fueran creadores autónomos, para explorar todas las posibilidades.

Estas unidades pequeñas del Creador se les ordenaron explorar la creación, viendo qué era posible. Estas chispas pudieran haberse manifestado de cualquier número de formas. A través de cualesquier universo, hay una multitud de posibilidades de formas inteligentes de vida, de todas las diferentes formas y tamaños y hechos de físicos y genéticos que son manifestaciones físicas de las chispas pequeñas. Todos estos seres serían encargados de explorar la creación.

Si este es el caso, entonces hablando lógicamente, nosotros somos únicamente una de la especies de posible millones como nosotros, en este solo universo. No todos los seres vivientes tienen la Divina chispa – por ejemplo, yo podría sugerir que una gallina no lo tiene – pero existen bastantes otros seres que si lo tienen.

Si el propósito del Creador fue explorar la creación en todas sus posibilidades, entonces sigue que el propósito de las partes pequeñas de Él mismo dentro de la creación, en cualesquier forma que escojan para manifestarse, es crear, explorar todas las posibilidades dentro de la realidad creada, y experimentar la realidad física.

De esta deducción, podemos deducir un par de cosas acerca de la naturaleza de los humanos en la tierra. Primero, nosotros somos creados para experimentar esta realidad física, así que no debemos tratar de negarlo o escaparnos de ello. Segundo, el Creador otorgó a cada uno de sus chispas el poder de la mente para crear. Nosotros estamos aquí no únicamente para experimentar la realidad física, pero para explorarla, y crearla. ¿Qué tipo de experiencia quieres crear para ti mismo?

Este impulso de crear se encuentra en nuestra médula de quienes somos como seres físicos, y podemos utilizar este poder creativo que poseemos cada uno de nosotros. Como lo he mencionado en el capítulo anterior, este poder creativo está íntimamente ligado a nuestro deseo y energía sexual, el cual es el máximo poder creativo.

Al encontrarnos con nuestro poder creativo y aprendiendo como controlarlo, podemos formar nuestra realidad y nuestras experiencias a través de nuestros pensamientos, y luego poniendo nuestra energía en crear lo que queramos. Así como el Creador creó nuestro universo primero como un pensamiento, cualquier cosa que creamos comienza primero con un pensamiento. Después ponemos nuestra energía y acción para convertir ese pensamiento en una manifestación física. Esto trabaja tanto en un nivel individual, así como también en un nivel colectivo.

Esta creatividad es una de las cosas que nos hacen diferentes de los otros seres, como los animales que comemos. En su mayoría, los animales no crean otras cosas, y no siempre encuentran soluciones creativas para sus problemas. El poder de la creatividad viene de la chispa dentro de nosotros, de nuestra conexión al Creador. El Creador nos puso en esta realidad para crear, para explorar posibilidades. En este sentido, no hay juicio, no hay correcto o incorrecto. Solo hay experiencia.

Si individualmente estamos aquí para crear, ¿tú qué vas a crear?

¿Qué tipo de vida quieres crear para ti mismo?

¿Cuáles son tus intereses y tus pasiones?

¿Cómo expresas tu deseo de crear?

Relacionado al poder de crear y explorar la realidad y de lo que es posible, es la necesidad de crecer. Nosotros no podemos nada más crear algo y sentarnos y ser complacientes. Debemos continuar explorando lo que es posible, crear cosas nuevas y mejores, quizá mejorando nuestras vidas y nuestro mundo. Existe un dicho que, cuando dejamos de crecer, morimos. Parte de nuestro propósito como creadores es crecer y desarrollarnos continuamente. Las cosas cambian y se desarrollan, y debemos aprender a crecer y desarrollarnos junto con los cambios.

Si mi entendimiento de la creación es correcto, y el Creador nos creó como divina chispas para crear y explorar las realidades físicas y todas las posibilidades nosotros mismos, entonces, es razonable que el Creador permita que ocurran todas las posibilidades, y no interfiera con la realidad que creamos para nosotros mismos. Nos permite matar uno al otro, y hasta aniquilarnos a nosotros mismos, si eso es lo que hacemos.

Desde esta perspectiva, nosotros somos co-creadores de nuestra propia realidad y experiencias. Nosotros creamos a través de nuestros pensamientos, los cuales en su turno se convierten en acciones. Nosotros vivimos con las consecuencias de nuestras propias decisiones y acciones, ambas pasadas y presentes, individualmente y colectivamente. El Creador no nos castiga o nos premia. Él permite todas las posibilidades mientras exploramos qué es posible y lo experimentamos.

Si hay maldad y sufrimiento en el mundo, es por el resultado de nuestras propias acciones, traídas por pensamientos o creencias incorrectas. Colectivamente, podemos escoger crear un "cielo" tranquilo en nuestra tierra, o puede ser un "infierno" para nosotros. Siempre podemos escoger el resultado que experimentamos, pues las posibilidades existen en algún lugar. La pregunta es ¿cuál posibilidad deseamos experimentar? Si no nos gusta la dirección que estamos tomando, siempre la podemos cambiar para producir un resultado diferente.

No hay "fin del mundo" donde Dios viene abajo y dice esto es todo, se acabó el juego, es tiempo de juzgar. La vida en el universo continuará desenvolviéndose. Otros seres continuarán explorando y creando. Si nos aniquilamos a nosotros mismos, entonces será nuestra culpa, pero la vida en el universo continuará. En lugar de pensar que el final del mundo está cerca, o de que alguien o algo va a venir y salvarnos de nosotros mismos, entonces deberíamos de comenzar a limpiar nuestros desordenes, dar de comer al hambriento, salvar nuestro planeta. Somos únicamente nosotros los que creamos este desorden en el que nos encontramos.

Lo que es, solo es. Nadie nos forzó a la posición en la que nos encontramos hoy, por lo tanto debemos de tomar responsabilidad por las decisiones y acciones que hemos tomado. Tenemos que decidir, ¿qué es lo que queremos? ¿Qué tipo de mundo nos imaginamos? ¿En qué tipo de mundo queremos vivir? ¿Cuáles son nuestros pensamientos y creencias? ¿Cómo influye esto en nuestra realidad del presente?

El Creador nos dio habilidad para crear. Todos tenemos esta habilidad. ¿Estamos usando esta habilidad en su potencial? ¿Cómo estamos usando nuestros poderes creativos para resolver los problemas que nos enfrentamos en nuestras vidas? ¿Podemos encontrar una solución a la crisis del cuidado de salud? ¿Qué tal la crisis de energía? ¿Podemos encontrar modos creativos y eficientes para limpiar las fuentes de agua del mundo, y hacer suficiente comida nutritiva para alimentar a todo el mundo?

## Servicio

Así que una de las razones por la que existimos es para crear – explorar todas las posibilidades, y experimentar el universo físico. ¿Eso es todo? Podemos deducir más por los atributos del Creador.

Si el Creador en realidad nos otorgó chispas de Él mismo, entonces fue un acto supremo de amor y sacrificio, dar una parte de Él para nosotros. Como nosotros representamos diferentes aspectos, o chispas más pequeñas del Creador, entonces es razonable entender que el Creador también nos ama a cada uno de nosotros, asumiendo que el Creador se ama Él mismo. La creación de las chispas fuera de Él mismo para experimentar Creación y procrear fue el último acto de servicio.

Yo creo que la segunda razón de nuestra existencia no es únicamente ver qué podemos crear por nosotros mismos y qué experiencias podemos tener, pero también el servir uno al otro. Así como el Creador se amó y se sirvió a Él mismo al crearnos, así también la chispa dentro de nosotros anhela crear y expresarse, pero también servir a las otras chispas que existen alrededor de nosotros.

La mayoría de los animales no crean cosas, así como tampoco sirven uno al otro. Como nosotros poseemos una chispa del Creador, tenemos el deseo e impulso de crear, y también de servir y contribuir. Una parte de nosotros toma placer en ayudar o servir a otros. Al servir y ayudar a otros reconocemos que la misma chispa del Creador que vive dentro de nosotros, también vive dentro de otros.

No todos nosotros somos creativos. En mi familia, mi esposa ama crear nuevas confecciones en la cocina, y siempre está demostrando modos creativos de resolver problemas. Yo no soy tan creativo como ella, especialmente cuando se refiere a cocinar y artes manuales, así que tomo placer en apoyar su creatividad ¡por lavando los platos y limpiando el desorden inevitable que deja en la cocina!

Cuando pensamos en servir a otros, pensamos en servir sopa en un albergue para desamparados. Ese es un tipo de servicio. Sin embargo, muchos de nosotros escogemos nuestras carreras porque ultimadamente, queremos ayudar a otros. Podemos ser licenciados, o doctores, o hasta publicistas o vendedores, pero ultimadamente creemos que nuestros servicios y productos ayudan a otros a hacer su vida más fácil. Podríamos obtener satisfacción nada más contestando teléfonos en un centro de llamadas, sabiendo que podemos ayudar a los clientes al responder a sus preguntas.

También servimos unos a los otros exhibiendo amabilidad, paciencia y compasión en nuestras vidas diarias. Estos no tienen que ser cosas mayores, o ni siquiera actos que otros tomen en cuenta o que se note. Me hace feliz el poder hacer el día más fácil a mi esposa haciéndole café en la mañana, aun cuando yo no tomo café. Esperando unos extra segundos en un tráfico ocupado para dejar un automóvil cambiarse dentro de tu línea enfrente de ti, en lugar de exhibir coraje y tocar el claxon, puede ser un acto de amabilidad. El chofer del otro carro no va a salirse de su carro para darte las gracias personalmente, pero uno no lo hace por el reconocimiento – lo haces porque sabes que si tú hubieras estado en esa posición, ibas a apreciar un poco de simpatía y ayuda para cambiarte a la línea correcta.

## Nuestro propósito

Tomado juntos, estos dos atributos que el Creador nos ha otorgado, también explica nuestro propósito en la existencia. El Creador creó este multiverso, así que obviamente tiene poderes creativos – el poder de crear. Así también nosotros tenemos la habilidad de crear, y encontrar soluciones creativas. Similarmente, el Creador dio chispas de Él mismo para crearnos para explorar esta creación y todas las posibilidades, en un acto supremo de amor y servicio. Nosotros también nos sentimos inclinados a encontrar amor y servir uno al otro.

¿Cómo explica esto qué es lo que te motiva? ¿Te sientes motivado a crear, así sea una pieza de arte, tocando música, o construyendo un robot, computadora o hasta escribiendo un programa? ¿O te sientes inclinado a contribuir en la sociedad, y ser del servicio de otros, ofreciendo tus servicios profesionales, ya sea reparando automóviles, trapeando pisos, o juntando basura?

Ni tú, ni yo, podemos reclamar que somos el Creador. Yo ciertamente no creé este planeta, y mucho menos este universo. Y aun así el creador nos ha otorgado un pedazo de Él mismo a cada uno de nosotros, en nuestro núcleo. Todos tenemos el deseo de crear, y de servir, originándose desde dentro de nuestra alma.

Otra analogía común de la Divina Llama es la del océano. Si el Creador es el océano, entonces cada uno de nosotros somos una gota de agua emanada del océano, y eventualmente volveremos al océano. Venimos del océano, pero individualmente no somos el océano. Sin embargo cada gota contiene las mismas propiedades de agua que contiene el resto del océano. Puesto que el océano y la gota son del mismo material y vienen del mismo origen, comparten propiedades similares.

Así que en vez del Creador representando todas las posibilidades por sí mismo, nos creó a cada uno de nosotros para explorar las posibilidades dentro del universo físico como unidades pequeñas consientes, hechas del mismo material. Cada uno de nosotros posee experiencias distintas y únicas, las cuales son coleccionadas, o experimentadas, por el Creador. Colectivamente, todas nuestras experiencias incluyen la experiencia del Creador en este universo. Así como una gota de agua vuelve al océano, y todo lo que colecciono en esta jornada vuelve con él y contribuye a lo que hace el océano, así también nuestras experiencias son experimentadas por el Creador, y nuestras memorias son recordadas, primero por nuestra Sobrealma, pero ultimadamente, por el Creador.

¡Esta vista de la realidad es extremadamente liberadora y emocionante! Esencialmente, el Creador nos ha convertido en co-creadores de esta realidad, en este universo. ¿Qué crearemos para nosotros mismos? ¿Qué realidad queremos experimentar? ¿Qué queremos hacer y experimentar con nuestras propias vidas? Desde este punto de vista no hay juicio, solo experiencia. Depende de nosotros cambiar nuestra vida si no estamos felices con ella, y crear la vida que queremos.

Si en realidad somos co-creadores de esta realidad, ¡esto nos hace muy poderosos! Cuando no nos damos cuenta de nuestra habilidad de co-crear, estamos dándoles el poder a otros, permitiéndoles controlarnos y formar nuestras experiencias. Desde el nacimiento, estamos programados para creer que somos víctimas – y muchos se vuelven quejumbrosos – en lugar de hacerse innovadores poderosos y co-creadores, y de hacer algo acerca de sus propias circunstancias. El Creador no nos creó para ser pasivos o para ser víctimas. Desafortunadamente, los verdaderos innovadores y creadores son muchas veces oprimidos por nuestra sociedad – por establecimientos invertidos – pero eso no debería detenernos a perseguir un cambio positivo, a seguir creando y sirviendo.

Colectivamente, tenemos el poder de crear un verdadero cielo en esta tierra – o nuestra experiencia podría ser de un infierno en la tierra. Nosotros podríamos realmente alcanzar las estrellas y convertirnos en exploradores de este universo. Podríamos crear nuevas tecnologías para limpiar nuestro medio ambiente, y vivir sin polución. Podríamos tener agua limpia y alimentos saludables para todos en el planeta. ¿Qué queremos crear en nuestro planeta?

Cuando asumimos la mentalidad de víctima, tendemos a culpar a otros fuera de nosotros mismos. Les tenemos miedo a otros. Cuando somos víctimas, buscamos a alguien más que venga a salvarnos, en lugar de encontrar una solución creativa por nosotros mismos. Si tú fueras un explorador del espacio y vinieras a nuestro planeta, ¿querrías hacer contacto? Honestamente, nuestra primera reacción en la tierra, como víctimas, seria derramar cualquier cosa extranjera o "extraterrestre" que viniera del cielo. Nosotros reaccionamos por miedo a lo desconocido.

Si nosotros fuimos creados para explorar todas las posibilidades, entonces realmente no existe tal cosa como la profecía. Nada ha sido escrito en piedra – el futuro siempre se puede cambiar. Las profecías se convierten en profecías autocumplidas, cuando creemos en ellas y esperamos que se hagan realidad. Las seguimos con el resultado esperado. Pero, si no queremos, no tienen que volverse en realidad.

Hay demasiadas profecías del juicio del día final o Armagedón, y al final de la mayoría de ellas, únicamente unos pocos seleccionados podrían sobrevivir y comenzar de nuevo. Depende de ellos el repoblar la tierra y construir de nuevo la civilización. Sin embargo, ¿qué tal si fuera posible que nosotros creáramos un cielo en la tierra ahora, para todos los ocho billones de personas que estamos aquí? ¿Qué tal si no tuviéramos que pasar por una guerra nuclear, epidemia, o una catástrofe natural? ¿Por qué esperar y temer lo peor, cuando nos podemos enfocar en cómo hacer las cosas mejor para todos? Si las profecías son simple guiones actuados, entonces necesitamos enfocarnos en – ¿quién se beneficia de estos guiones? ¿Quién se beneficia por masas de muerte y destrucción?

El Creador creó seres para experimentar todas las posibilidades, por lo que es razonable pensar que nosotros como seres terrestres no somos los únicos co-creadores en este universo. Es muy probable que un innumerable de formas de vida existan en algún lugar, y muchos de ellos se encuentren probablemente explorando y quizá monitoreando el espacio. Como co-creadores en este universo, ellos respetan los otros co-creadores que contienen la divina Chispa dentro de ellos. Sin embargo, ellos no van a querer contactar seres temerosos que viven con una mentalidad de víctimas, buscando culpar a otros por sus propios problemas.

Una vez que realicemos que nosotros hemos creado nuestro propio caos en la tierra y que tomemos responsabilidad por ello, podremos tomar pasos para limpiarlo. Idealmente, podemos parar de pelear y matar unos a otros sobre recursos, y en cambio, cooperar y trabajar juntos para encontrar soluciones a nuestros problemas. Cuando paremos de ser víctimas y comencemos a crear soluciones, reconociendo nuestras habilidades co-creativas, seremos merecedores de conocer otros co-creadores en el universo quienes nos respeten como co-creadores iguales.

Por otro lado, tengan cuidado con los "hermanos del espacio" que revelan su presencia, ofreciendo "salvarnos". Cualquiera que venga como salvador, o que ofrezca salvarnos de nuestros propios problemas, está únicamente reforzando nuestra victimización, en lugar de respetar nuestras habilidades creativas. Los que realmente nos respeten nos dejarán a nosotros mismos y no intervendrán. Ellos, nos dejarán que enfrentemos las consecuencias de la realidad que hemos creado nosotros mismos, dejándonos que lo resolvamos solos. Con el poder de co-creación, viene una gran responsabilidad, y debemos tomar responsabilidad de nuestros propios poderes y corregir nuestros errores.

En general, nosotros entregamos nuestro poder cuando miramos a otros como seres superiores, o que están en una posición de autoridad sobre nosotros. Cada uno es un co-creador igualitario de esta realidad. Podemos reclamar nuestro poder cuando nos reconozcamos como seres soberanos co-creadores. Somos libres de explorar esta realidad del modo que queramos, mientras que no interfiera con la soberanía o voluntad de las otras personas.

Por ejemplo, nosotros seguido elevamos a oficiales públicos y celebridades a un nivel más alto o como si fueran mejor que nosotros. Ellos son famosos, así que de algún modo, eso los hace más que nosotros. Idealizamos a los ricos y famosos. Sin embargo al final, ellos son gente nada más, como tú y yo. No son mejores que nosotros. Ellos están co-creando su propia realidad. En lugar de verlos más arriba que otros e idealizándolos, podemos respetarlos a ellos y su camino, pero debemos vernos nosotros como nuestra propia autoridad. ¡Nosotros somos co-creadores con el Creador! ¡Tenemos el poder de cambiar nuestras vidas!

## El Título de Propiedad

En cierto punto, puede que tenga sentido para ti el tener la chispa Divina en nuestra alma, pero no explica nuestros cuerpos, y últimamente quienes somos en esta vida. Para llegar a entender cómo estamos hechos, me gustaría ofrecer otra analogía.

Una vez, hace mucho tiempo, había una tierra vasta y expandida, pero era estéril y estaba sola. Ella trato de cambiar su paisaje, se movió y dio vueltas, creando montañas y valles en algunos lugares y dejando plano en otros. Sin embargo no había mucho que pudiera crear y experimentar por sí sola.

Así que la tierra tuvo una idea. Se dividiría en pequeños lotes, dando a cada lote autonomía propia, cada uno con su propio poder de construir y crear y explorar en su propio espacio. Le otorgo a cada lote su título de propiedad, dándole su propio estatuto de vida para experimentar las posibilidades.

Cada lote se vio a sí mismo, y pensó qué podría crear con el espacio que le fue otorgado. ¿Qué podrían hacer? Podrían construir algo en el lote, pero antes de que pudieran construir algo, se dieron cuenta que primero necesitarían planos de lo que quisieran construir.

Los planos son como el diseño en nuestra mente, nuestros pensamientos dentro de nuestra mente, nuestro estado mental. Antes de hacer, o crear algo, primero inicia como un pensamiento en nuestra mente.

Una vez que los planos fueron terminados, la construcción comenzó con la fundación. Después, el marco de la casa fue levantado, y las paredes y el techo fueron puestas.

El cuerpo de la casa es como nuestro cuerpo físico, representando la implementación física del plano, el pensamiento.

Sin embargo, teniendo solo el marco no podría hacer la casa funcional. ¡Necesitaría tener plomería! Después de todo, las casas modernas necesitan agua potable.

El agua representa emociones. No solo tenemos una mente con la cual pensar y crear pensamientos y un cuerpo para llevar a cabo esos pensamientos, pero también estamos compuestos de plomería. Emociones fluyen a través de nuestros cuerpos.

Pero, aun así con plomería, la casa todavía no parece como una casa moderna. Para ser una casa moderna, ¡también necesita electricidad! No sería una casa confortable sin electricidad.

La electricidad que corre a través de la casa y le da poder, es como la bioenergía que corre a través de nuestros cuerpos y le da energía. Sin energía, no podríamos mover nuestros cuerpos para crear lo que nuestras mentes han inventado.

Así como esta hipotética casa está hecha de diferentes sistemas o componentes que se juntan para hacer una casa moderna, así también nuestros cuerpos están hechos de diferentes sistemas, o cuerpos, que son integrados para hacer lo que somos, seres físicos.

Nosotros comenzamos el proceso creativo con nuestra mente, pensando en nuevas ideas de cómo hacer las cosas de diferentes modos. La mente constituye nuestro cuerpo mental, el cual contiene todos nuestros pensamientos, memorias y creencias.

Nosotros le damos energía a nuestros pensamientos con nuestros deseos. Estos son motivados por nuestras emociones. Nuestro cuerpo emocional nos ayuda a dar energía a nuestros pensamientos y deseos. Solo por decir, digamos que también tenemos un cuerpo emocional.

Nosotros implementamos nuestros deseos, nuestros pensamientos, con nuestro cuerpo físico. Usamos nuestras manos para construir cosas y escribir, nuestras piernas para movernos de un lugar a otro, nuestras bocas para comunicarnos y compartir ideas unos con los otros, y así sucesivamente.

El cuerpo obtiene su poder por la energía, la cual la mayoría de nosotros la obtenemos por el aire que respiramos, la comida que comemos, y las cosas que bebemos. Mientras nuestras emociones nos motivan, nuestra energía deja que nuestros cuerpos cumplan nuestros deseos. También tenemos un cuerpo de energía, el cual es afectado por el cuerpo mental, emocional y físico. Estos cuatro cuerpos están integrados, así que un cambio en uno tiene efecto en los otros.

## Esencia multidimensional

En la analogía descrita anteriormente, la tierra es el Creador, cada lote de tierra representa nuestra alma, y la casa representa nuestro cuerpo multidimensional. En este sentido, nosotros somos de verdad seres multidimensionales. No somos nada más un cuerpo físico, sino que tenemos un alma en nuestro ser, la Divina chispa, y también estamos hechos de pensamientos, sentimientos, emociones y energía.

En la Ilustración 9, el cuerpo multidimensional está representado primero por el cuerpo mental porque todo comienza como un pensamiento en nuestra mente. El siguiente cuerpo es el emocional. El cuerpo de energía se encuentra más cercano al cuerpo físico. La analogía de la casa será usada de nuevo en capítulos posteriores, para representar la esencia multidimensional de nuestros propios cuerpos.

## Atemporalidad

Un atributo final del Creador es que existe fuera del tiempo, así que es infinito. Como lo entendemos, es eterno. Eso significa que si en realidad tenemos una chispa del Creador, entonces esa parte de nosotros también es infinita, también eterna. ¡Nuestras almas son eternas!

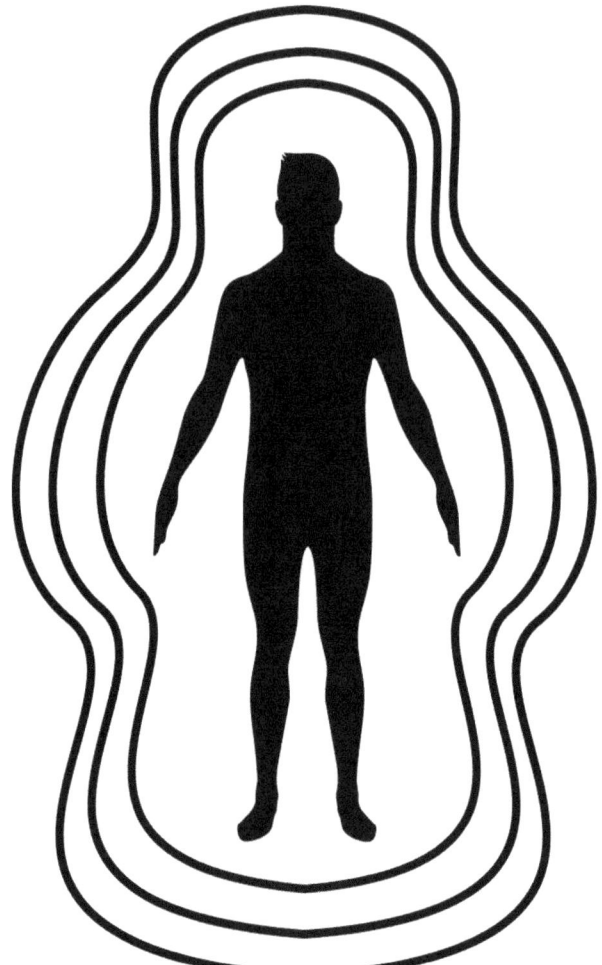

Ilustración 9. Cuerpo multidimensional

Puesto que todas las cosas son posibles en el multiverso, y si de verdad todas nuestras almas son eternas, entonces esto sugiere muchas implicaciones. Esto significa por ejemplo, que si quisiéramos, podríamos experimentar diferentes vidas. O, podríamos escoger experimentar una sola vida – nuestra vida de hoy. ¿Es muy difícil creer que nuestras almas eternas podrían tener la experiencia de múltiples vidas físicas, para tener diferentes experiencias? ¿O quien dice que todas nuestras vidas tienen que ser en este planeta?

La figura 10 demuestra al Creador como la Divina Llama, marcada con la letra Hebrea Aleph. En su contenido dentro de la Divina Llama muestra una sola chispa, solo una llama pequeña, la cual representa el Sobrealma de una persona, marcada con el símbolo infinito en la esquina baja del lado derecho. Dentro del Sobrealma, el alma puede escoger experimentar vidas múltiples dentro de varios tiempos, y aun en múltiple lugares en el universo, para tener diferentes experiencias. Desde la perspectiva del Creador, no hay tiempo, así que todas las vidas ocurren simultáneamente.

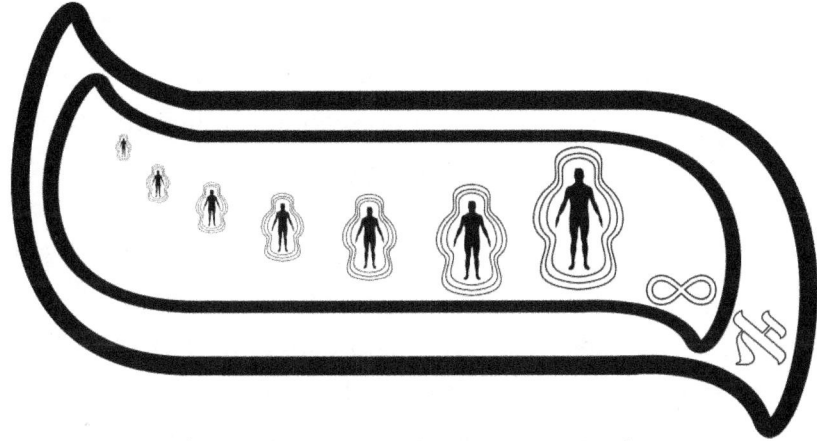

Ilustración 10. Múltiples vidas dentro de un Sobrealma

Si todas las vidas ocurren simultáneamente, entonces cada vida es solo para obtener diferentes experiencias, y en realidad no existe conexión kármica entre una vida y la otra en términos de tiempo lineal. Tú podrías escoger vivir como un asesino en una vida para tener esa experiencia, y luego escoger experimentar ser asesinado en otra vida, pero eso no significa que porque fuiste un asesino en una vida, tendrías que ser asesinado en la otra para reponer la Karma. O si tú fuiste una víctima de asesinato, no significa que tendrías que ser el asesino en la otra. Solo son diferentes experiencias que tu Sobrealma puede escoger, y puede escoger experiencias que balanceen una a la otra para experimentar todos los lados. Aun así, tu vida no está predeterminada – es lo que tú quieres que sea, puesto que fuimos creados como co-creadores de nuestras realidades.

Si nuestras almas son eternas, entonces eso significa que en nuestras encarnaciones físicas, de nuestras vidas de hoy, ¡no necesitamos temer a la muerte! Solo porque no podemos ver que existe bajo el telón, por decir, cuando nuestros cuerpos mueren, eso no significa que dejamos de existir como seres, como consciencias. Por el contrario, todas nuestras experiencias y memorias están guardadas en nuestra Sobrealma, que es lo que en realidad somos. Nuestras Sobrealmas, los cuales entendemos en nuestra vida presente como nuestra alma, son de verdad eterna, y existen fuera de nuestras encarnaciones físicas.

Muy seguido vivimos con temor a la muerte. La sociedad está constantemente alimentando nuestros temores, manteniéndonos en un estado constante de temor, impidiéndonos vivir a nuestro potencial como co-creadores. Tememos a terroristas y la amenaza constante de ataques terroristas. Tememos a las epidemias. Tememos uno al otro, tememos otras razas, tememos a personas que hablan diferentes idiomas que nosotros porque no los entendemos. Si vivimos en un estado de temor, fácilmente podemos ser controlados y divididos.

Si solo supiéramos que no existe nada a que temer, ¡podríamos vivir nuestras vidas sin miedo, y al máximo! El Creador nos ha dado a cada uno de nosotros una parte eterna de Él mismo, para crear, explorar, crecer y servir uno al otro, para poder estar tranquilos y saber que la vida continua, y nosotros continuaremos creando y explorando en la creación por todo el tiempo que queramos, en cuantas formas que queramos. La muerte física no es el fin. Es solo el fin de una experiencia, una jornada de muchas.

Sabiendo que nuestras almas viven y continúan en términos de tiempo lineal, nos puede ayudar a sobrellevar la muerte física de nuestros seres queridos. Es natural el estar triste y extrañar la presencia física de las personas con las que nos gustaba estar cerca y que amamos mientras estuvieron con nosotros. Muchas veces sentimos que los que han pasado a mejor vida, todavía están con nosotros en espíritu. Todavía estamos conectados a ellos a través de nuestros corazones. Cuando sabemos que en realidad no se han ido, podemos manejar mejor nuestro sufrimiento, sabiendo que un día nos reuniremos con nuestros amados.

Es posible también que podamos escoger tener una experiencia de vida diferente con las personas que estamos cerca en esta vida, al vivir nuestra próxima vida. Quizá en nuestra próxima vida podríamos cambiar los roles en nuestras relaciones. Solo porque puedes ser masculino o femenino en esta vida, no significa que lo vas a ser en las otras. Como el Creador, nuestra Sobrealma no tiene género, pero envuelve las cualidades de los dos. Seguido, almas escogen reencarnar juntos en grupos, tener experiencias compartidas juntas, a través de múltiple vidas.

En el ejemplo de la tierra y el título, el título es un pensamiento que no muere. Existe como un concepto. En nuestro mundo, un título no se vence y continúa en algún lugar en una oficina de títulos, aun si el dueño original muere. Aun si un edificio o casa colapsa o decae debido al tiempo o incendio en un terreno de tierra, eso solo haría campo para que otro edificio sea construido en su lugar. Y, ¡hasta pudiera ser más grande y mejor construido que el anterior!

Nuestros cuerpos, como los edificios, decaen y vienen y se van a través de múltiple vidas, como múltiple edificios que son construidos en el mismo lote, pero el titulo define el pedazo de tierra, nuestra alma, continua existiendo en la tierra, el Creador.

## Vida Espiritual

Viviendo espiritualmente es vivir con el conocimiento de nuestra naturaleza multidimensional, y vivir con el conocimiento de cómo todos esos diferentes cuerpos que hacen quienes somos, se juntan para formar el ser que somos ahora. También puede ser el vivir con el conocimiento de la chispa Divina dentro de nosotros, como estamos conectados al Creador a través de nuestra eterna Sobrealma, y como nuestra alma no muere. Cuando estamos conscientes de la Divina chispa dentro de nosotros, también estamos conscientes de la Divina chispa dentro de otros. Viviendo espiritualmente es también vivir con el conocimiento de nuestro propósito en la vida – para crear, amar, experimentar, explorar, aprender, y servir a otros.

Realmente no es necesario *hacer* nada para vivir espiritualmente. Es también acerca de vivir en el presente, viviendo la vida a su máximo, ahora. Es, el tomar responsabilidad por tu vida, reclamando tu poder y autoridad como co-creador, y no caer en la mentalidad de víctima u otorgar tu poder a otros.

Aun personas muy ocupadas – profesionales, trabajadores del campo, *cualquier* persona en día de hoy – puede vivir espiritualmente. No toma ningún tiempo el ser espiritual. Es algo que *todos* somos; solo necesitamos estar *consciente* de ello.

Muchos hombres de negocios importantes son personas espirituales – eso es, ellos están conscientes de cómo crear su realidad, comenzando con un pensamiento – así que ser rico o pobre no tiene nada que ver con qué tan espirituales somos. *Todos* pueden vivir estando consciente de su espiritualidad.

Cuando vivimos espiritualmente, sabemos que no hay razón para temer a la muerte, así que no podemos ser fácilmente manipulados o controlados. Sabemos que no debemos ser temerosos unos de los otros, porque sabemos que todos somos iguales, teniendo diferentes experiencias de nuestro propio escoger. Sabemos que verdaderamente no morimos, solo nos cambiamos de una experiencia a la otra. Nuestras memorias y experiencias de esta vida continúan viviendo en nuestra Sobrealma.

En el resto de este libro, veremos modos de cómo alimentar y nutrir nuestros cuerpos – nuestro cuerpo mental, nuestro cuerpo emocional, nuestro cuerpo energético, tanto como nuestro cuerpo físico. ¿Cómo podemos hacer esto? Para seguir cualquier camino, es bueno actuar y tomar un paso adelante. Así que para nutrirnos y crecer en todos nuestros cuerpos, ¡ACTÚA FUERA DUDA! Este es el recurso mnemotécnico que seguiremos en los capítulos siguientes.

Para comenzar, ya que todo comienza con un pensamiento en nuestra mente, veremos primeramente como nutrir nuestras mentes en nuestro cuerpo mental. Después veremos los modos de nutrir nuestro cuerpo emocional, seguido de cómo cuidar de nuestro cuerpo físico. Finalmente, examinaremos como el vivir espiritualmente nos puede llevar a la paz interior y exterior.

## ¡ACTÚA FUERA DUDA!

Cuerpo Mental {
- **A**tención Plena
- **C**onciencia
- **T**iempo Presente

Cuerpo Enérgico {
- **U**nida Respiración
- **A**bordar Pensamiento

**F**
**U**
**E**
**R**
**A**

**D**
**U**
**D**
**A**

# ACTÚA con la Mente

Para poder nutrir nuestros seres multidimensionales, debemos primeramente comenzar a trabajar en nuestros pensamientos, nuestra energía, y nuestra mente. Antes de comenzar algo, lo que deseamos siempre comienza como un pensamiento en nuestra mente, y el deseo en nuestro corazón. Los pensamientos sirven como un plan con el que entendemos y vivimos nuestras vidas. Al estar consciente de nuestros pensamientos, y dirigirlos conscientemente, podemos tomar parte activa al modelar nuestras propias vidas.

De joven, como crecí en un hogar multicultural y frecuentemente visitamos familia en México, yo estaba enamorado con la idea de aprender varios lenguajes y viajar por todo el mundo, viendo cómo la gente vive en todas partes. En mi casa, mi primer lenguaje fue Español, luego aprendí Ingles en la escuela, y después tome clases adicionales de Latín, Francés, Italiano, y algo de Alemán.

Una idea que creció en mi mente fue que quería unirme al programa de Peace Corps, viajar a otros países para vivir con otra gente y de alguna forma ayudarles. Con mi título en Matemáticas, al terminar el colegio, me uní al primer grupo de voluntarios que fue mandado a Sudáfrica después que se terminara la era política de segregación racial en ese país. Mi sueño de viajar, conocer otras culturas, y aprender más lenguajes se había convertido en una realidad. Aprendí que en Sudáfrica ¡existen cerca de doce idiomas oficiales! Su cultura es muy rica, sin exagerar.

Lo que había comenzado como un pensamiento, y luego un deseo, se convirtió en una realidad.

Siempre que queremos lograr algo, primero mantenemos el pensamiento o deseo en nuestra mente. La llave no es detenerse en el deseo si no dejarlo manifestarse y confiar en que se va a realizar.

Has notado alguna vez que, por ejemplo, cuando estás buscando una relación amorosa, ¿parece que no puedes encontrar ninguna? Sin embargo, cuando no estás buscando, ¿parece que es cuando encuentras amor? Parte de eso es probablemente porque tú te presentas más confidente y no te presentas como muy necesitado, porque no estás buscando, así que no estás esperando un resultado. Pero aun así, lo que ha pasado es que dejaste ir ese pensamiento, el deseo de tener una relación, y no tienes aferrado el pensamiento en tu mente. Dejas ir las esperanzas y cuando menos lo esperas, encuentras amor.

Eso es lo que nos pasó a mi esposa y a mí cuando nos conocimos. Ninguno de los dos estábamos activamente buscando una relación, cuando se tropezó conmigo y me tiro al suelo. Yo quería encontrar alguien amoroso, que fuera tierno y espiritual, y eso es lo que encontré. El resto como se dice, es historia. Yo comencé con un deseo de encontrar amor con alguien cariñoso y amoroso, y cuando deje ir el deseo, lo encontré y se convirtió en una realidad.

Viviendo espiritualmente también comienza con la mente, a través de nuestro consiente. Cuando somos espirituales, estamos conscientes de nuestra conexión a algo más grande que nosotros – la Divina chispa dentro de nosotros, nuestro enlace directo al Creador.

## A – Atención Plena

Si viviendo espiritualmente es estar consciente de la Divina chispa dentro de uno mismo y de otros, entonces viviendo espiritualmente comienza con ser atento. La primera letra "A" es por atención plena, estando conscientes de nuestra naturaleza espiritual, y de que somos más que solo cuerpos.

La meditación nos puede ayudar a entablar un sentido de reconocimiento sobre nuestra conexión a nuestra propia Sobrealma, la cual siempre está presente, y últimamente de nuestra conexión al Creador, a través de nuestra Sobrealma. No es necesario meditar por largos periodos de tiempo. No es necesario ni siquiera meditar, ¡pero ciertamente ayuda!

En nuestras vidas tan ocupadas, es difícil encontrar tiempo para meditar. Yo sé porque es difícil para mí encontrar tiempo con mi horario tan ocupado, entre llevar y traer mis hijas a la escuela, a sus actividades extra escolares, yendo a trabajar, y hasta haciendo quehaceres en la casa, ¡aparte de todo lo que hago!

Sin embargo, aun puedo encontrar por los menos diez minutos en mi día tan ocupado para sentarme, cerrar mis ojos, y ver dentro de mí. Cuando voy camino al trabajo, soy tan afortunado que me puedo ir en un tren que no va sobrecargado, y hace por lo menos media hora de camino de ida y media hora de vuelta. Así que me puedo sentar y cerrar los ojos en el tren, y conectarme con mi corazón. Yo creo que el corazón es el camino a nuestra conexión con nuestra Sobrealma.

Cuando de adolecente participaba en retiros de la Iglesia arriba en las montañas, lo quieto y lo sereno de alrededor hacían que me inclinara a conectarme con la naturaleza y con mi propio corazón. Yo creo que es cuando yo podía sentir la presencia del Creador, a través de mi Sobrealma, cuando podía callar mi mente y conectarme con mi corazón.

No necesito decir que sería muy difícil encontrar condiciones similares de meditación en nuestras grandes ciudades. Probablemente no sería posible encontrar ese tipo de paz y de silencio, a menos que fuéramos a acampar o a algún lugar distante.

Por diez minutos al día, una vez que los niños hayan sido alimentados y mandados a la escuela, o puestos en su cama, posiblemente podrías encontrar algún lugar callado dentro de tu hogar donde puedas cerrar tus ojos y mirar dentro de tu corazón. Cuando estás buscando respuestas o dirección, puedes dirigir una pregunta o problema a tu Sobrealma, o directamente al Creador, y la mayoría de las veces vas a sentir una respuesta, como un *conocimiento* interno, a través de tu corazón, que es la respuesta a tu pregunta. Todo lo que toma es solo unos minutos para callar tu mente, poniendo a un lado todos los problemas y experiencias del día, e imaginando en tu mente que estás en un lugar especial silencioso y sereno entre tú y tu Sobrealma. Tú también te puedes imaginar tu Sobrealma como otra persona.

Si nuestros pensamientos y nuestro modo de pensar verdaderamente crean nuestras experiencias, entonces también podemos ver detrás de nuestras experiencias y frustraciones para entender nuestros pensamientos y modos de pensar. Algunas veces, reflexionar en nuestras experiencias pasadas, puede ser muy educativo para nosotros, puesto que podría revelar un pensamiento o creencia que hemos tenido y que no estábamos conscientes de ello.

¿Has tenido alguna vez experiencias similares que se repiten seguido y no entiendes porque? ¿Por qué parece que siempre te pasan a ti? Quizá te digas a ti mismo que estás maldecido o simplemente sin suerte, porque ciertas cosas parecen que te suceden a ti repetidamente.

O quizá hay un tipo de pensamiento o creencia que mantienes pegado a ti, lo que está provocando estas experiencias una y otra vez, hasta que entiendas que es lo que te está diciendo de ti mismo. Siendo atento, es también ser consciente de cómo estás atrayendo estas experiencias a ti mismo, a través de tus propios pensamientos y creencias. Una vez que hayas logrado identificar cuáles son esos pensamientos y creencias, puedes cambiarlos, por lo que estarás cambiando la norma y quebrantando el ciclo.

En mi propia vida, seguido me sentía frustrado porque por ejemplo en un restaurante, la gente recibía mal mis órdenes. ¿Estaba maldecido porque parecía que sucedía todo el tiempo? ¡Las órdenes de todos los demás estaban bien! Cuando examine mi norma de conducta, encontré que mis órdenes estaban siendo llenadas incorrectamente porque yo estaba hablando muy despacio, y no me oían correctamente. Los empleados del restaurante simplemente estaban poniendo las ordenes de acuerdo a como lo oían, lo cual no era exactamente lo que yo había dicho.

Cuando examine por qué estaba hablando tan despacio – siempre he sido conocido por hablar muy despacio – encontré que subconscientemente he creído que mi opinión no valía, y nadie quería oír lo que tenía que decir. Esta creencia va tan lejos desde mi niñez. Yo no era siempre así, pero en algún momento de mi vida, agregué esta creencia, así que me volví callado y hablando con voz baja.

Ahora por lo menos estoy consciente de esta creencia subconsciente, por lo que puedo hacer el esfuerzo de hablar más audible y articuladamente. ¡Ahora hay pocos errores con mis órdenes en el restaurante! Viendo una norma de conducta en mi vida y buscando dentro de mis creencias y pensamientos, pude identificar una creencia subconsciente, la cual me ayudó hacer algo al respecto y cambiar la norma de pensamiento o creencia.

¿Qué dicen tus experiencias acerca de tu norma de conducta y creencias? ¿Cómo puedes cambiarlos para tener experiencias diferentes?

Algo rápido y fácil que he encontrado ser de ayuda para recordarme quien soy – que soy más que mi cuerpo – es el dejar algo que me guste pero que no lo necesito. Esto me ayuda practicar atención plena.

Por ejemplo, me gusta mucho la nieve, pero también sé que la nieve no es necesariamente buena para uno. Como un simple gesto, decidí no comer nieve aunque de verdad me guste. Cuando mi familia o amigos o compañeros de trabajo están comiendo nieve, ahora simple y amablemente les digo que no.

Aunque esto ciertamente ayuda a mantener mis triglicéridos bajos, salud no es la razón por la que dejé de comer nieve. Lo hago porque como humano, se me olvida, y me envuelvo en mi vida cotidiana y olvido que solo soy una chispa de la Divina, teniendo esta experiencia.

Cuando tengo que rehusar nieve, tengo que preguntarme a mí mismo "¿Por qué estoy haciendo esto?" Luego recuerdo, "oh, se supone que tengo que recordar que soy una chispa de la Divina, ¡teniendo una experiencia física!" Esto hace que esté más pendiente de mí, y me ayude a poner mis experiencias en perspectiva.

Por supuesto, no necesitas dejar de comer nieve para recordarte que eres más que solo un cuerpo. Podrías dejar algo más que te guste, algo que no necesites. Algunas veces los adolescentes usan anillos o pulseras hechas en casa para recordarles de su ser espiritualidad. Tu podrías hacer un sinnúmero de cosas para recordarte que eres un ser espiritual a lo largo del día. Quizá te serviría como recordatorio de que quieres meditar por unos minutos más tarde en el día, o te podría recordar de hacer una conexión rápida con tu corazón, y ver si te está diciendo algo.

Siendo atento al dar algo te ayuda a estar consciente, la cual es la siguiente letra en el recurso mnemotécnico.

## C – Consciencia

Muy relacionado con practicar atención plena, es permanecer consciente de quien y que eres. Podrías estar muy atento a tu conexión con el Creador, pero también deberías estar consciente de la Divina chispa que se encuentra dentro de ti, en tu corazón.

Cuando nosotros estamos conscientes de nuestra conexión con el Creador, podemos utilizarlo para ayudarnos en nuestra vida cotidiana. Cuando encontramos dificultades y no estamos seguros de qué hacer o cómo manejarlo, podemos asomarnos dentro de nuestro corazón, conectar a nuestra Sobrealma a la chispa Divina dentro de nosotros por pensándolo e intentándolo, y pidiendo dirección. Nuestra mente nos dirá lo que queremos oír y vendrá con todo tipo de razonamientos para hacer lo que queremos hacer – pero solo nuestro corazón nos dirá si está bien para nosotros o no.

Vivir espiritualmente es, como ya lo he dicho, el estar consciente de quienes realmente somos – una chispa de la Divina – pero también es cumplir nuestro propósito. Para cumplir nuestro propósito en nuestra vida, primero tenemos que estar consciente de cual es. Como ya lo he argumentado en previos capítulos, yo creo que nuestro propósito de ser es experimentar vida física y explorar todas las posibilidades de la creación, como co-creadores de esta realidad, y también servir y apoyarnos unos a otros y amarnos unos a otros.

Algunas veces el universo parece que nos habla a través de diferentes señales o eventos. Estos pueden ser sincronizados o sentimientos de ya visto. Sin embargo, para notar estas pequeñas señales, debemos permanecer muy conscientes. Desde hace algunos años he estado notando 11:11 muy seguido. Parece que cada vez que veo el reloj para revisar el tiempo, son las 11:11. Este fenómeno parece estarle pasando a mucha gente. Quizá este es el modo del universo de llevarnos a una concientización, recordándonos que en nuestra esencia somos seres espirituales.

¿Estás consciente de las señales que aparecen en tu vida?

¿Qué crees que significan? ¿Qué podrían estar tratando de decirte?

Hace muchos años, cuando mi esposa venía del colegio del norte de Texas y estaba manejando de regreso a su casa en el sur de Texas, no estaba segura de qué hacer y le pidió a Dios que le diera una señal. Volteo hacia arriba y vio un letrero en la carretera que decía "Cámbiese a Austin", ¡como si fuera una respuesta a su pregunta! Un poco después, volvió a buscar ese letrero, pero ya no estaba. Ella tomó eso como una señal y terminó cambiándose a Austin, que fue donde yo la conocí.

El universo está lleno de vida, energía y concientización. ¿Estamos conscientes de eso? Cuando hacemos preguntas al universo, nuestra Sobrealma puede ayudar a contestarnos dirigiendo nuestra atención a ciertas señales o eventos en el tiempo apropiado, como cuando mi esposa vio el letrero diciéndole que se cambiara a Austin. ¿Estás consciente de lo que te está tratando de decir tu Sobrealma?

Parte de experimentar esta vida en su modo físico es también estar consciente de todo lo que sentimos y experimentamos. Cuando comes tu comida, ¿te la estás pasando tan rápido como sea posible para continuar con la siguiente cosa, o estas presente y consciente de los sabores y texturas en cada mordida? ¿Estás consciente de todo lo que está pasando alrededor de ti y de la gente alrededor de ti, o nada mas estás enfocándote en lo que está enfrente de ti? ¿Estás consciente del canto de los pájaros, o del tiempo soplando, o en qué fase se encuentra la luna? ¿Qué más está sucediendo alrededor de ti?

La vida es más rica y nos da más recompensas cuando estamos conscientes de todo lo que está sucediendo alrededor de nosotros, y cuando hacemos tiempo para estar conscientes de lo que estamos haciendo. Esto nos lleva a la siguiente letra que es "T" por tiempo.

## T-Tiempo presente

Vivir espiritualmente es también vivir en el presente, en el AHORA. Esto va mano a mano con estar consciente. ¿Estás consciente del tiempo presente? ¿O tu mente se encuentra en otro lugar? En el gran proyecto de cosas, únicamente existe el presente. Desde la perspectiva del Creador, todo existe simultáneamente, ¡lo cual yo sé que para nosotros es muy difícil comprender o imaginar!

Aun así, yo trato de estar consciente de mi alrededor, mis experiencias, y vivir en el presente. No siempre es fácil, y muchas veces se me olvida, pero entonces solo tengo que darme un ligero recordatorio, y volver mi atención al presente. No hay juicio o culpa si nos encontramos con nuestra mente en otro lugar.

Esto es especialmente verdad cuando me encuentro haciendo mis tareas cotidianas. La mayoría del tiempo me gusta hacerlas, no únicamente porque tienen que ser hechas y probablemente tengo que hacerlas de cualesquier modo, así que no tiene caso el quejarme o tratar de evitarlas, pero porque me dan una oportunidad de practicar la presencia y la conciencia.

Cuando estoy cocinando, trato de sentir la textura de las comidas, olerlas al estarlas cortando o cocinando, y luego por supuesto, el saborearlas al probarlas.

Cuando estoy lavando los platos, es calmante el sentir el agua corriendo sobre mis manos, el jabón escurridizo cubriendo mis manos, la esponja quitando los restos de la comida. Practicando la presencia, me foco en cada una de las cosas que lavo, enjuago y pongo a secar. También es lo mismo cuando saco la basura, lavo la ropa, y hasta cuando trabajo en el patio.

No únicamente estoy practicando la presencia cuando hago mis quehaceres en la casa, pero también cuando estoy consciente de ser de servicio a otros. Yo sé que mi esposa se cansa de cocinar y ocasionalmente necesita un descanso, así que le ayudo cuando puedo. Yo sé que estoy cumpliendo con mi propósito de servir a otros que yo amo.

El pasado está en el pasado, y desde nuestra perspectiva, ya se fue. Sin embargo tendemos a aferrarnos a las cosas. Nos aferramos a los resentimientos, a heridas, a cosas que nos hicieron enojar. Estas cosas nos previenen de completamente gozar y vivir en el presente.

También nos aferramos al sentimiento de culpa, de cosas que hemos hecho en el pasado de las cuales no estamos muy orgullosos. Somos duros con nosotros mismos y algunas veces nos castigamos.

Al vivir espiritualmente, realizamos que todo eso solo fueron experiencias de las que debemos aprender, pero debemos dejar ir al pasado si verdaderamente queremos vivir en el presente. Esto significa que debemos perdonar todas las injusticias que sentimos nos hicieron a nosotros, y también perdonarnos a nosotros mismos por todo lo que hemos hecho y nos arrepentimos. Es tiempo de dejar el pasado y enfocarnos en el presente.

El futuro también nos puede parecer desconcertante y temeroso. No sabemos qué nos depara el futuro y constantemente nos preocupamos si habrá suficiente. ¿Habrá suficiente dinero para pagar las cuentas? ¿Habrá suficiente comida? ¿Habrá amor?

Así como no podemos vivir en el pasado y permitir el peso del pasado caer sobre nosotros para verdaderamente vivir en el presente, tampoco podemos mortificarnos acerca del futuro y vivir en constante miedo. Mortificarnos acerca del futuro también nos impide vivir en el aquí y ahora del presente. Hay un sinnúmero de cosas por las que podríamos estar temerosos, o podríamos impedir que el miedo nos dominara y vivir alegremente en el presente, gozando y agradeciendo por todo lo que tenemos.

Por otra parte, no podemos controlar a otros o hacerlos que cambien, solo podemos cambiarnos a nosotros. Otros pueden escoger diferentes caminos que los lleven al dolor y sufrimiento, pero nosotros podemos escoger el vivir en gozo en el presente. No se requiere dinero para tomar esa decisión. Cualquiera lo puede hacer. Ambos pobres y ricos pueden vivir agradecidos por lo que tienen y no esperar nada más.

La inseguridad ciertamente puede ser perturbadora, pero he encontrado que preocupándose por todas las cosas que *pudieran* suceder no ayuda. Yo he encontrado que simplemente enfocándose en hacer mi trabajo y estando en el presente ha ayudado. Yo hago lo mejor que puedo en mi trabajo, y eso es todo lo que puedo hacer. Si soy despedido – lo cual ya me ha sucedido – entonces ya me preocuparé después. Una cosa es estar preparado, en caso de que algo inesperado suceda, pero otra cosa es vivir en constante temor y ansiedad de qué tal si pasa.

## U – Unida respiración

Las siguientes dos letras en el recurso mnemotécnico ACTÚA, se tratan de la energía en tu cuerpo energético. La energía se encuentra alrededor de nosotros. El universo está penetrado por todos tipos de energía. Se puede penetrar fácilmente con nuestras mentes, usando nuestros deseos e intenciones como sus conductores.

Nuestros cuerpos necesitan energía para hacerlos mover. Nosotros pensamos en la comida como una energía, pero realmente es nuestro cuerpo químicamente desbaratando la comida lo que hace que descargue la energía contenida en la comida.

La "U" es para unida respiración, porque podemos recibir bastante energía por nuestra respiración unida, o hecho correctamente. Si observas a un recién nacido respirar, notarás que respira abominablemente, pareciendo que llena su estómago de aire con cada suspiro que entra, y dejándolo salir con cada respiro hacia afuera.

Esta respiración profunda con el abdomen no es solo natural, pero es muy poderosa para jalar energía a nuestros cuerpos. A medida que crecemos, olvidamos la respiración natural del abdomen, y en su lugar, comenzamos a respirar con la parte superior del pecho.

Si queremos aumentar la energía en nuestros cuerpos, podemos practicar la respiración unida con el abdomen, visualizando la energía de nuestro alrededor entrando a nuestro cuerpo mientras inhalamos, y dejando salir la energía negativa al exhalar. De este modo, respirando despacio y profundamente a la vez puede ayudar a limpiar tu mente y revitalizarte. La comida no es nuestra única fuente de energía. También viene del aire que respiramos.

Todas las cosas vivas tienen energía. Nuestros cuerpos energéticos no están restringidos a nuestros cuerpos físicos. Algunas veces podemos sentir la energía del cuerpo alrededor de nosotros, envolviéndonos, mientras se infiltra en nosotros. Es posible atraer energía a nuestros cuerpos, a través de la energía en nuestro ambiente.

También podemos intercambiar energía con otros seres vivos, y unos con otros. Los sanadores que usan sus manos para curar, trabajan transfiriendo energía al paciente, el cual podría ser que él mismo no tenga suficiente energía para curarse solo. La unión sexual constituye un intercambio de energías personales. Prácticas tántricas les enseñan a los practicantes cómo dirigir su propia energía sexual, y cómo intercambiarla con la de sus parejas.

Cuando intercambiamos energía con otros, ya sea a través de sanación o a través de contacto físico directo, es importante conservar nuestra propia energía separada de la de los otros. Existen algunas personas que subconscientemente, o quizá hasta conscientemente, le extraen la energía a otros. Para cortar cualesquier energía con otros, que tú no quieras tener, te puedes imaginar unas tijeras gigantes cortando un hilo de energía que te conecta con la otra persona.

Existen otras prácticas que proveen ejercicios de respiración, junto con la atención y concientización para aumentar el nivel de energía. Personalmente, mis favoritos son el Tai Chi y el Qi Gong. Un verano practiqué Qi Gong regularmente, y me despertaba muy alerta, lleno de energía, listo para enfrentar el día, ¡sin cafeína! Yo no había cambiado nada más, pero encontré que practicando Qi Gong, aunque fue una vez a la semana, había aumentado mi energía considerablemente.

En mi práctica de Qi Gong, también aprendí que la energía sigue el pensamiento y la intención, así que la siguiente letra en el recurso mnemotécnico es "A" para abordar pensamiento, el cual controla la energía recogida al respirar profundo.

## A – Abordar pensamiento

Yo incluí prácticas energéticas del cuerpo con prácticas del cuerpo mentales, porque ellas están relacionadas muy de cerca. La energía sigue el pensamiento y la intención, así que tiene sentido que tengamos cuidado de nuestro cuerpo energético usando nuestro cuerpo mental.

Los sanadores de energía ponen sus manos sobre el paciente, para transferir energía al cuerpo del paciente. ¿Por qué parece trabajar cuando ellos ponen sus manos sobre el cuerpo del paciente, y no cuando alguien más pone sus manos sobre el cuerpo de alguien? La diferencia es que el sanador está usando su mente, sus pensamientos e intenciones, para dirigir la energía hacia abajo, a través de sus manos y dentro del paciente.

Tu puedes experimentar el transferir energía dentro de tu propio cuerpo y circularla alrededor de tu cuerpo. Por ejemplo, usando tu mente, trata de que la energía se acumule en la punta de tu dedo. ¿Sientes algo diferente? ¿Sientes una ligera sensación de movimiento o cosquilleo?

Existen varias escuelas diferentes de Qi Gong que han salido a través de los años por todo el mundo. Lo que todas ellas tienen en común es que están acumulando energía usando la respiración y la intención combinadas. Una práctica es llamada Qi Gong Parado, en donde el practicante se mantiene en una sola posición, sin moverse, por largos periodos de tiempo.

Esto al principio me pareció simple, pero cuando lo traté, pude sentir una sensación de zumbido creciendo en mi espalda y el área del pecho. Entonces pude mover esta energía alrededor de mi cuerpo, y la pude sentir circulando de un brazo al otro. Esto no quiere decir que todos tenemos que convertirnos en expertos en manipular la energía, pero deberíamos estar conscientes de que estamos energéticamente conectados a todo lo que es vida alrededor de nosotros.

¿Algunas veces te sientes agotado después de hablar con ciertas personas? Al estar consciente de nuestra energía, podemos identificar cuando nuestra energía se está bajando, a donde se está yendo, y luego tomar medidas para recargarnos a través de la respiración profunda del abdomen. Nosotros también podemos bloquear a otros de que tomen nuestra energía.

Como lo mencione previamente, nuestras creencias forman nuestra manera de pensar, la cual a su vez, forman nuestras experiencias. Cuando estaba en el colegio, mis compañeros de cuarto y yo, decidimos ir a escalar en bicicleta la Montaña del Sur en Phoenix. Uno de mis compañeros estaba insistente de que él necesitaba usar un casco de protección, en caso de que se cayera. El resto de nosotros fuimos quizá un poco tontos y no usamos casco. Mientras íbamos bajando la montaña en nuestras bicicletas, seguramente, el único compañero con casco se tropezó y cayó, y se pegó duro en la cabeza, rompiendo su casco.

Este incidente siempre se me ha hecho raro. ¿Cuáles son las chanzas de que de los cuatro que íbamos en la montaña en bicicleta, la única persona con el casco fue la única que lo necesito?

Esta persona tenía miedo de tropezar y caer de su bicicleta y pegarse en la cabeza. Parece como que este miedo estaba justificado. ¿Fue el miedo en su mente el que de algún modo creó la experiencia para justificar su creencia? Por supuesto, nadie conscientemente quiere caerse y lastimarse. Sin embargo, algunas personas parecen atraer estas experiencias más que otras.

Si nuestros pensamientos pueden dirigir nuestra energía, entonces hasta los pensamientos negativos pueden dirigir nuestra energía y manifestarse. Si tu estas enfocado en pensamientos negativos como miedo, entonces es a donde tu energía se va a dirigir, y tus miedos se pueden convertir en realidad. ¿Qué tal si tu diriges tus pensamientos hacia el crecimiento y prosperidad, en lugar del miedo o sentimiento de no ser suficiente? ¿Tú crees que eres merecedor de bendiciones? ¿O crees que no eres suficiente, no eres bueno, o suficientemente listo?

Si quieres cambiar tu vida, puedes utilizar tus pensamientos para dirigir la energía en tu vida. Nuestro trabajo como cocreadores comienza con nuestros pensamientos y creencias, las cuales generan la energía para convertir en ser lo que tenemos en nuestra mente. ¿Y aun así, qué es lo que mueve nuestros pensamientos y mente hacia adelante? Nosotros estamos motivados por nuestras emociones, así que enseguida veremos cómo nutrir nuestro cuerpo emocional.

¡ACTÚA FUERA DUDA!

- **A** tención Plena
- **C** onciencia
- **T** iempo Presente
- **U** nida Respiración
- **A** bordar Pensamiento

Cuerpo Emocional {
- **F** omentar Perdón
- **U** bérrimo Intuición
- **E** l Respeto
- **R** endir Servicio
- **A** limenta Confianza
}

- **D**
- **U**
- **D**
- **A**

# Sigue tu corazón FUERA

Nuestros pensamientos y mente dirigen nuestra energía creadora, pero no existen separados el uno del otro. Todo está conectado y relacionado. Nuestros deseos y acciones están generados por nuestras emociones. Cuando las emociones se encuentran atrapadas en nuestros cuerpos, pueden causar barreras de energía en nuestro cuerpo energético, el cual nos puede llevar a una enfermedad.

Viviendo espiritualmente es ciertamente el estar alerta, consciente, viviendo en el presente y dirigiendo nuestra energía con nuestros pensamientos, pero no nos sirve de nada si no lo podemos usar en nuestras propias vidas e impactar nuestra propia salud y bienestar. Todo se junta en nuestros cuerpos por los cuales experimentamos esta realidad. Para poder experimentar la vida a su máximo, uno también debe de tener cuidado de su salud y bienestar de su cuerpo, el cual está íntimamente ligado a la salud emocional.

## F – Fomentar Perdón

Dejar ir al pasado es más fácil decirlo que hacerlo. Nosotros hemos experimentado dolor, sufrimiento, heridas y pérdidas. Puede que odiemos a alguien, o resintamos a alguien. Podríamos haber sido heridos por alguien, y podrían pasar años antes de ser sanados.

Cuando nos aferramos a emociones negativas tal como el coraje y resentimiento, ellas se quedan detenidas en nuestro cuerpo emocional, el cual está integrado a nuestro cuerpo físico. Estas emociones negativas causan bloqueos en nuestro cuerpo energético.

Por ejemplo, ¿alguna vez has sido impactado al punto de que sientes que algo se te ha atorado en tu garganta y por más que tratas no puedes emitir alguna palabra? El sufrimiento es como esto. Esto sucede porque nuestras emociones bloquearon nuestra energía impidiendo que fluyera a través de nuestras bocas. La energía se atora en nuestras gargantas.

Puede que hayas tenido malas noticias y te sientes enfermo del estómago. Aunque hayas estado bien anteriormente, de repente te sientes enfermo y nauseabundo. Este es otro ejemplo de donde nuestras emociones inmediatamente causan un impacto físico.

Puede que no nos demos cuenta, pero cuando sostenemos emociones negativas, ellas causan bloqueos similares, únicamente que toma mucho más tiempo para percibir el impacto. Por ejemplo, sosteniendo el coraje y resentimiento, aun inconscientemente, muy lentamente se puede desarrollar un cáncer.

Es por esto que el primer paso que enlisté para nutrir el cuerpo emocional es el perdón. Puede que no sintamos que la otra persona merece ser perdonada, pero debemos de hacerlo no por la otra persona, pero por nosotros mismos, por nuestra salud y nuestro bienestar. Perdonando a los que nos han ofendido en el pasado, o nos han hecho injusticias, estamos destapando nuestras salidas de energía, por decir así, el cual permite que la energía flote a través de nuestros cuerpos para sanarnos.

Cuando estés solo, quizá en tu carro manejando en el tráfico, toma unos pocos minutos cada día para reflexionar en esos que te han herido o te han hecho mal, y ver cómo te sientes hacia ellos. Puedes pensar en un incidente que te sucedió en tu niñez o durante tus años de joven, o en la escuela, o en tu trabajo.

Para practicar el perdón, piensa en el tiempo atrás cuando alguien te hirió o te hizo mal. Imagínate a esa persona en tu mente. Entonces decide dejarlo ir. No hay necesidad de aferrarte al coraje. Diles, en tu mente, "a pesar de que me heriste, ya no voy a dejarte tener poder sobre mí. Dejo ir el sufrimiento y, aunque tú no lo merezcas, escojo perdonarte y seguir con mi vida. Estoy haciendo esto por mi salud y mi bienestar".

Haz esto cuantas veces creas que sea necesario. Es un ejercicio relativamente simple de hacer, aunque no es fácil. Lo puedes hacer en cualquier lugar, cuando tengas tiempo para ti mismo. Físicamente te sentirás más ligero cada vez que dejes ir los resentimientos y heridas, y perdones a los otros. En adición a esto, ¡recuperarás tu salud y energía! Esto también se aplica al vivir en el presente – creando la propia vida que tú quieres ahora – en lugar de estar atorado en el pasado.

Una vez yo estaba trabajando en una firma de mercadotecnia pequeña, la cual era parte de un gran conglomerado. Era una experiencia nueva para mí. Aunque estaba trabajando en el lado analítico, nunca había trabajado para una compañía de mercadotecnia. Cada Viernes, tenían un carrito con cerveza que pasaba por los corredores y podías agarrar una cerveza mientras trabajabas. También tenían muy buenas fiestas, con comida, cerveza y hasta margaritas.

Mi vicepresidente en esa ocasión era amigable, y era amable conmigo y mis hijas. Les daba tarjetas de regalo en su cumpleaños, y a todos los empleados les daba regalo de Navidad. Luego, un día, sin ninguna explicación me despidió. La razón que me dio el departamento de personal era completamente falsa. Me escoltaron fuera del edificio sin dejar que me despidiera de mis compañeros.

Esa tuvo que ser una de las experiencias más humillante y estresante de mi vida. Me encontré sin trabajo, con dos niñas pequeñas, y sin pago de indemnización. No existía una buena razón para que me hubieran despedido. No hacía mucho tiempo, me habían promovido en ese trabajo, había estado recibiendo buenos reportes y aumentos anuales en mi salario. En mi opinión yo había sido un buen empleado.

Mi choque inicial se convirtió en coraje. Tenía tanto coraje, que pensé hacer cosas horribles si volvía a ver esa V.P. Para hacer las cosas peores, su hijo estaba en el mismo distrito escolar que mi hija, e iban a ir a la misma escuela secundaria en el mismo grado.

Me tomó algunos años, pero eventualmente pude perdonarla y dejar salir el coraje, la vergüenza y la frustración. Sin importar cuál fue la razón de mi despido, yo necesitaba seguir adelante con mi vida. Tuve buena suerte y pronto pude conseguir una posición mejor, en una compañía mejor, así que al final todo fue para bien.

Entonces, comencé a ver esta V.P. en las funciones de la escuela secundaria de mi hija. Para este tiempo, ya la había perdonado, y comencé a sentir pena por ella. ¿Qué tipo de persona es tan insegura de sí misma, que se sienten amenazada por un buen empleado y lo despide? No fue fácil, pero eventualmente dejé ir el incidente, y llegué al punto donde me di cuenta que ella era una persona insegura. Yo no la iba a dejar, o a esta experiencia, arruinar mi vida. Ya no iba a aferrarme más al odio. Tenía que seguir con mi vida, para mí, y para mi familia.

Fomentar el perdón, como lo mencioné antes, no aplica solo a otros, pero también a nosotros mismos. ¿Te amas a ti mismo, o te odias? ¿Todavía te arrepientes de cosas que has hecho, o que has perdido oportunidades de hacer? Quizá es tiempo para que lo dejes ir. ¿Estás listo para perdonarte, dejarlo ir, y seguir con tu vida?

El manejar la culpa y el remordimiento es tan importante como el perdonar y dejar ir el coraje y el resentimiento. Si te sientes culpable por lo que le has hecho a alguien, entonces quizá le puedas pedir perdón. Aun si ellos no están listos para perdonarte, de cualquier manera, es importante que tú tomes este paso.

Si tú le has hecho mal a alguien y sientes remordimiento, ¿hay algún modo de que puedas repararlo? Quizá ningún número de disculpas sea suficientes para ellos. ¿Hay algo que puedas hacer por ellos, quizá, que te pueda ayudar a limpiar tu propia conciencia? Nada más al ofrecer hacer algo para que te perdonen, puede ser suficiente para limpiar tu conciencia. Por lo menos, tú trataste de hacer las cosas mejores y ya no depende de ti.

¿Te puedes ver en el espejo en los ojos, y honestamente decirte que te amas? ¿Si no, entonces por qué no? ¿Qué necesitas hacer para ti, para que te puedas amar? ¿Necesitas perdonarte? ¿Necesitas no ser tan duro contigo mismo? Nadie es perfecto, todos cometemos errores. Solo necesitamos aprender de ellos, y seguir adelante.

Cuando nosotros perdonamos, dejamos de juzgar, así que cuando nos perdonamos a nosotros mismos, paramos de juzgarnos. Tú *eres* merecedor de amor y de ser amado. ¿Crees eso? Hay una chispa Divina dentro de ti, en el puro centro de tu ser el cual es accesible a ti, ahorita mismo. La Divina chispa es amor, y está ahí, en tu corazón.

¿Tú crees que eres merecedor de ser un triunfador? Si no, ¿entonces por qué no? Nosotros tendemos a juzgarnos duramente cuando en realidad no hay nada que juzgar. Nosotros nomás *somos*. Nomás *sé*. Dejar ir tus dolores pasados también es dejar ir el dolor de la poca estima y sentimiento de inferioridad. ¡Tú eres un co-creador de esta realidad! En lugar de sentirte triste y mal por ti mismo, acepta que tú eres quién y qué eres, y ámate a tí mismo como eres. Si no te puedes amar a ti mismo ¿cómo espera que otros te amen?

Perdónate a ti mismo, déjalo ir, y fomenta perdón.

## U – Ubérrimo Intuición

Una de las herramientas más fuertes que tenemos para guiarnos y ayudarnos en la jornada física de nuestra realidad es nuestra intuición. Muchas veces es un sentimiento que tenemos. Quizá venga como una pista. Algunas veces la intuición es un *saber* interno que no podemos explicar.

Usa tu intuición. Confía en tu propia intuición.

Entre más confíes en tu intuición y tu voz interior, más te ayudará.

¿Recuerdas los teléfonos que solían hacer los niños con dos botes vacíos y un pedazo de cordón? Amarrabas cada punta del cordón al lado cerrado del bote. Luego cuando alguien hablaba en la parte abierta del bote, el cordón llevaba las vibraciones al otro lado, y la otra persona podía oír lo que la primera persona decía al final del otro bote.

Intuición es como este simple sistema de teléfono, únicamente que en lugar de que tu amigo o hermano se encuentre al otro lado del cordón, es tu Sobrealma que te está escuchando, y dándote consejo, a través de tu corazón.

Cuando estás meditando, te puedes imaginar un cordón saliendo de arriba de tu cabeza, hasta un punto por encima de tu cabeza. Imagínate a tu Sobrealma en el otro lado, simbolizada por el símbolo infinito plateado sobre tu cabeza. Cuando le haces una pregunta, sube el cordón a tu Sobrealma. Entonces espera y escucha una repuesta. Ella vendrá como un conocimiento interno.

Para diferentes personas, nuestro subconsciente nos habla de diferentes modos. El subconsciente usa símbolos y arquetipos para mandarnos mensajes. Nosotros podemos verlos como símbolos, o colores, o sonidos, o una combinación de todos. Siempre pregúntate – ¿qué significan para mi estos colores, símbolos o sonidos? ¿Cómo me hacen sentir?

Nuestro subconsciente muchas veces nos habla a través de nuestros sueños. Nuestra intuición también nos puede venir a través de los sueños. Los sueños nos pueden ligar a esferas no físicas, así que nos podemos conectar más fácilmente a nuestro subconsciente, y a nuestra Sobrealma.

Si tú puedes recordar tus sueños, podría ser de uso para ti analizarlos. Los sueños raramente se toman literalmente y necesitan ser interpretados. Aquí, tu intuición también puede ayudarte a interpretarlos. Yo seguido paso unos pocos momentos cada mañana, mientras me estoy dando una ducha o manejando al trabajo, tratando de extraer el significado de ellos. Yo me pregunto "¿Qué está tratando de decirme mi subconsciente? ¿Qué está reflejando el sueño hacia mí? Por ejemplo, los sueños pueden revelar tus ansiedades subconscientes, ¡que puede que ni siquiera estés consciente! Si estás soñando que estás ansioso porque estás tomando un examen en la escuela, por decir, ¿de qué estás ansioso en tu vida ahora mismo?

Algunas personas sugieren el tener un diario enseguida de tu cama, para que cuando despiertes, puedas escribir tus sueños y todos los detalles que puedas recordar antes de que se te olviden. También puedes encontrar esto de utilidad. A través del tiempo podrías ver un patrón emergiendo de tus sueños.

Aún si tú no recuerdas tus sueños seguido, o piensas que no tienes ninguna intuición, todavía puedes escuchar la voz dentro de tu corazón. Por supuesto que no es una voz literal, pero es más que un sentimiento. ¿Cuál es el sentimiento que recibes de tu corazón? ¿Recibes un sentimiento bueno acerca de algo o alguien, o recibes un sentimiento malo de ellos? Esto también puede ser tu intuición.

Escuchar a tu corazón y confiar en tu propia intuición son muy importantes cuando estás decidiendo cual es la verdad. Si buscas la verdad fuera de ti, vas a encontrar muchas respuestas conflictivas, las cuales solo te confundirán. En su lugar, como les urjo en el primer capítulo, prueba todo en tu propio corazón, y ve si te suena verdadero. ¿Te suena como si fuera verdadero?

Únicamente mirando dentro de nosotros podemos obtener la verdad. Nuestra Sobrealma provee una conexión directa al Creador, el cual sabe todo. Por lo tanto, el confiar en tu propia intuición se convierte en algo muy importante en esta era de información, puesto que estamos bombardeados con todo tipo de información, las cuales seguido se contradicen unas a otras y no sabemos cuál versión de la verdad creer. ¿Qué es lo que tiene sentido para ti? ¿Qué es lo que parece verdadero? Solo tu Sobrealma puede proveerte con el conocimiento interno de cuál es la verdad.

Parte de confiar en tu intuición, es seguir la guía que te provee. Algunas veces siento como que tengo que sonreír y saludar a alguien, pero no lo hago porque me siento tímido, consiente, o con pena de saludar a un extraño. Hablar con un extraño podría ser el abrirme a alguien, lo cual me es muy incómodo y me hace sentir vulnerable.

Aún para introvertidos, es importante confiar y seguir la guía interna. Lo que yo he encontrado es que para los introvertidos, como yo, algunas veces tenemos miedo de abrirnos a otros y ser nosotros mismos, porque en el pasado nos han herido o se han burlado de nosotros. O, como yo, ellos tienen la creencia de que nadie está interesado en escuchar lo que tienen que decir, así que aprendieron a conservar sus pensamientos para ellos mismos.

Está bien el ser tú mismo y compartir tus pensamientos. Está bien el ser vulnerable a otros. No todos van a apreciar tus pensamientos, y puede que no les vas a gustar a todos, pero también está bien. Tus pensamientos y tus ideas importan y son tan importantes como las de cualquiera. No puedes permitir que lo que otros piensen de ti, o el miedo de que van a pensar de ti, te detenga de ser tú mismo y de vivir tu vida.

Para mí, yo trato de imaginarme una chispa Divina, una pequeña llama, sentándose en medio de mi corazón. Cuando me cierro a otros, escondo esa llama y la protejo. Es como si hubiera hecho una pequeña pared alrededor de mi llama y la protegiera. Pero al abrirla y haciéndome vulnerable, comparto la luz de mi llama con otros, y les dejo ver la Divina chispa dentro de mí.

¿Estás dejando que tu luz interna brille al mundo?

¿O estás escondiéndola, tratando de protegerla, guardándola escudada para ti mismo?

## E – El Respeto

Si todos venimos de la misma fuente, el Creador, y todos compartimos una chispa de la Divina dentro de nosotros, entonces todos compartimos el mismo propósito en la vida, e idealmente debemos respetar la Divina dentro de cada uno, aun si no estamos de acuerdo con otros o si no nos gustan otros.

Como una chispa del Creador aquí para experimentar la vida y crear y explorar, tienes el derecho a vivir tu propia vida. Asimismo, todos los demás tienen el derecho de crear y explorar su propia vida. Sin embargo, nosotros podemos explorar la belleza y la maravilla de la vida, mientras que no interfiera con la voluntad de otros. El respeto significa respetar a otros como co-creadores de la Divina chispa y respetar su voluntad, así como tú esperas que otros te respeten a ti.

Para mí, no es correcto el imponer tu voluntad en otro adulto, en contra de su voluntad. La violación es un ejemplo extremo y violento de una persona imponiendo su voluntad sobre alguien más que no está de acuerdo. Este concepto puede ser proyectado a las estructuras de nuestro gobierno. ¿Cómo escogemos el gobernarnos nosotros mismos? ¿Necesitamos ser gobernados? ¿Queremos un régimen autoritario y totalitario diciéndonos cómo debemos de manejar cada aspecto de nuestra vida? ¿O, queremos tener completa libertad para seguir y explorar nuestros sueños? La decisión depende de nosotros, pero primero tenemos que reconocer nuestros derechos, y respetarlos y unos a otros.

Muchas veces nosotros no estamos de acuerdo en cómo otros escogen vivir sus vidas, pero no depende de nosotros el escoger su camino. Ese es el camino que ellos han escogido, y debemos respetarlo. Puede que otros no estén de acuerdo con las decisiones que hemos tomado, pero esperamos que respeten nuestras decisiones y que cometamos nuestros propios errores. El juzgar es otra emoción que puede tapar nuestro cuerpo emocional y energético. Es mejor el dejar de juzgar a otros, y enfocarnos en nuestras propias vidas.

La gratitud es otra herramienta poderosa que tenemos para ayudarnos a dejar ir. Da gracias por lo bueno, y lo malo. En lugar de aferrarnos a corajes y juicios, da gracias a la otra persona. Cuando somos retados, somos obligados a crecer. Por ejemplo, mi V.P. de la agencia de mercadotecnia, cuando me despidió me forzó a buscar otro trabajo, pero en retrospectiva, yo le puedo dar gracias porque encontré una mejor posición con mejor pago y mejores beneficios. El trabajo en mi nuevo puesto fue más desafiante e interesante también.

Cuando damos gracias y somos agradecidos, estamos permitiendo más oportunidades. En nuestro cuerpo energético y emocional, no estamos tapando nuestro sistema con emociones negativas, pero en su lugar lo estamos limpiando, haciendo campo para que más energía entre y fluya a través de nosotros.

Cuando me siento frustrado, recuerdo todo lo que tengo y doy gracias por lo que tengo. Puede que esté frustrado con mi gerente de mi trabajo, pero doy gracias y estoy agradecido por tener un trabajo. Puede que esté frustrado con el modo de manejar de algunos conductores, especialmente cuando se atraviesan enfrente de mí, pero doy gracias de que no causó un accidente y todos están bien.

Entonces, dar gracias es un modo poderoso de voltear las emociones negativas, y dejarlas ir, sacándolas de nuestro cuerpo.

Finalmente, parte del respeto no es solo respetar a otros por el camino que han tomado y por las decisiones que han hecho, sino también respetarnos a nosotros. ¿Tú te respetas a ti mismo como co-creador de tu experiencia en esta vida? ¿Respetas tu cuerpo, o abusas de él? ¿Respetas tus sentimientos y tus intuiciones?

Otros no pueden hacernos sentir las emociones que experimentamos. Por ejemplo, yo puedo enojarme con el conductor que se me atravesó, pero ese conductor no vino a mi carro y prendió un botón que hiciera que me sintiera enojado. Yo escojo sentirme enojado por las acciones de la otra persona. Al permitir que el otro conductor me hiciera enojar, yo escogí dejar que sus acciones me influyeran, así que le di un poco de mi poder. Él no lo pidió.

Así que nosotros estamos en control de nuestros propios sentimientos y nuestras propias reacciones. Si nosotros nos respetamos a nosotros mismos, también tomamos responsabilidad por nuestras propias decisiones y reacciones. Podemos reclamar nuestro poder y ponerle un alto a que las acciones de otros influyan nuestras reacciones y sentimientos. Por ejemplo, en lugar de enojarme y exhibir rabia por el otro conductor, yo simplemente puedo reconocer que es un manejar imprudente por parte de la otra persona, bajarle un poco a la velocidad del auto para no causar un accidente, y dejar pasar a la otra persona, quien obviamente va apurado.

Así como podemos cambiar los estados emocionales en un instante, así también podemos escoger qué es lo que vamos a sentir, o por lo menos, cómo vamos a reaccionar a una situación. Nosotros escogemos si nos vamos a aferrar a esos sentimientos, o si los vamos a dejar ir. Cuando culpamos a otros, les estamos dando poder sobre nosotros. Cuando nos respetamos a nosotros mismos y aceptamos la responsabilidad sobre nuestros propios sentimientos y reacciones, entonces reclamamos nuestro poder. Nosotros no permitimos que las acciones de otros influyan en nuestro bienestar.

## R – Rendir Servicio

Parte de nuestro bienestar emocional no es nada más aprender a perdonar, dejar ir, ser agradecido, respetar a otros y seguir nuestra intuición, pero también es dar a otros, o ser de servicio a otros. Cuando somos serviciales, reconocemos que el universo no gira alrededor de nosotros, pero que todos somos participantes iguales en esta realidad, tratando de entenderla.

Una cosa es recoger energía e información para ti mismo, pero otra es el guardarla toda para ti y no compartirla con otros. Es como una taza que está llena de agua. Una vez que se encuentra llena, ya no puede llenarse más. Sin embargo, si tú vacías algo de agua, puede ser llenada de nuevo. Así que dando de nuestra energía para ayudar a otros, estamos realmente haciendo espacio para que más energía regrese a nuestras propias vidas.

Un modo en que podemos hacer esto, es ayudar a realizar sus propios sueños, a los que se encuentran cerca de nosotros y que queremos. Todos tenemos un propósito, pero algunos de nosotros tenemos sueños por los que estamos trabajando. Quizá ese sueño es su propósito en esta vida. Como padre, yo sé que quiero ayudar a mis hijas a ser exitosas, no únicamente financieramente, pero también ayudarles a seguir y completar sus propios sueños, cualesquiera que sean.

Trabajando con un sueldo estable, sé que estoy ayudando a apoyar a mis hijas. Hasta mi esposa tomó un trabajo para ayudar a nuestras hijas a seguir sus pasiones. Esto nos da la satisfacción de saber que ellas están teniendo la oportunidad de seguir sus intereses.

Otro modo en que podemos apoyarnos unos a otros es levantándonos uno al otro, animándonos a seguir nuestros sueños, o a ser quién y qué queremos ser. Como humanos es fácil olvidar quienes somos en realidad, o cual es nuestro propósito aquí. Podemos recordarnos uno al otro que, sí, tú eres especial, eres amado, y eres merecedor de ser amado. Nosotros apoyamos a los que amamos.

Podríamos tomar un paso más y amar a otros incondicionalmente. Esto puede ser difícil algunas veces, amar y apoyar a alguien más sin esperar nada a cambio. Repito, como padre, amo a mis hijas, y siempre las amaré. Puede que no siempre me gusten las decisiones que ellas tomen, y puede que algunas veces me decepcionen, pero siempre las amaré.

Algunos escogen amar a todos incondicionalmente, como la Madre Teresa. Esto puede ser algo más difícil de hacer, pero la Madre Teresa vio la chispa Divina en todos, así que los podía amar como fueran, aún si su personalidad externa no fuera recíproca. Personalmente, yo no sé si yo pudiera amar y apoyar a todos los que conociera, pero ciertamente puedo respetar a todos los que me encuentre en mi camino, aunque no les demuestre amor incondicional.

Cuando ingresé al programa de Peace Corps, tenía una vaga noción de que quería ir y servir a otros, ayudarles de alguna forma. Con mi título en matemáticas, nuestra misión era ayudar a entrenar a los maestros en las aldeas rurales, ensenándoles modos más efectivos de enseñar conceptos de matemáticas. Francamente, como acababa de salir del colegio, no tenía ninguna experiencia en enseñar, o entrenamiento formal en educación. No estaba seguro de cómo podría ayudar.

Aun así, lo que aprendí de la experiencia fue que yo aprendí mucho más de la gente que se suponía que yo iba a ayudar, de lo que en realidad yo les ayudé. En las aldeas rurales que yo serví, no había agua potable, y únicamente unos pocos con suerte tenían electricidad. Sin embargo en estas condiciones, encontré gente muy abierta, aceptando, amando, perdonando y llenos de gozo. Tenían una vida dura, pero la aceptaban por lo que era y hacían lo mejor que podían.

## A – Alimenta Confianza

Seguido me sorprende que los niños pequeños sean tan confiados. Ellos confían en un adulto para que les enseñen, les den de comer, y les sonrían. Ellos están llenos de maravilla, y están impresionados por las cosas tan sencillas que para nosotros los adultos son naturales. Me imagino que cuando Jesús dijo ser como los niños, se refería a esto.

Mientras maduramos, aprendemos a desconfiar de la gente, y dejamos de maravillarnos e impresionarnos del mundo alrededor de nosotros. En una palabra, cerramos esa parte de nosotros, para protegernos de ser heridos. Aún más, pensamos que ya sabemos todo lo que hay por saber.

Cuando nos cerramos para protegernos, también estamos cerrando parte de nuestro cuerpo energético y emocional. Esto viene de la creencia de que vamos a ser heridos otra vez. Cuando fuimos jóvenes, probablemente tuvimos una experiencia donde confiamos en alguien, quizá en una relación amorosa, y nuestra confianza fue traicionada y fuimos heridos. El dolor que nos causó hizo que en el futuro confiáramos menos en otros.

Pero, para vivir plenamente, no solo necesitamos vivir en gratitud, necesitamos aprender a confiar otra vez. Esto no significa que inmediatamente vamos a confiar en cada extraño que conozcamos, porque sabemos que hay gente que engaña a otros. Significa, por decir, que necesitamos aprender a confiar en el universo. Cuando dejamos ir la necesidad de controlar nuestro alrededor, y dejamos relajarse la ansiedad a lo desconocido, yo creo que esto te abre a más posibilidades y hace la vida más interesante y excitante.

Si nosotros podemos confiar en nuestra intuición para guiarnos, podemos confiar en nuestra Sobrealma, y últimamente en nuestro Creador, para llevarnos a nuevas y excitantes oportunidades que no podemos comprender por nosotros mismos. Cuando tratamos de controlar nuestras vidas y todo alrededor de ellas, también se crea un bloque energético que no permite que otras posibilidades se manifiesten.

De algún modo, no podemos hacer todo lo que necesitamos o queremos por nuestra propia cuenta, y necesitamos de otros. Nosotros dependemos uno del otro. Tenemos que confiar en otros, si vamos a depender de ellos. Asimismo cuando conocemos a personas nuevas, y no hemos tenido ninguna experiencia con ellos, les damos un nivel de confianza, y confiamos en su palabra. Confianza en sí mismo significa vulnerabilidad. Confiamos en la palabra de otros, sin saber si están siendo sinceros o no.

Si tú quieres que otros te tengan confianza, necesitas hablarles con la verdad, aun si eso no es lo que ellos quieren oír. Algunas veces tienes que ganarte de nuevo la confianza de alguien, lo cual lo logras hablando con la verdad. Ser sincero es importante para vivir con integridad. Debes ser sincero contigo mismo, y vivir lo que tú crees.

¿Tú eres digno de confianza?

¿Te callas cosas y las escondes? ¿O eres completamente abierto y transparente con los demás?

¿Eres verdadero contigo mismo, y vives honestamente y con integridad?

Una práctica que ayuda para volver a ser como niño con maravilla y confianza, es la práctica de sonreírte a ti mismo por dentro. Sonreír a otros juega una gran parte en ganar la confianza de otros, ¿pero algunas veces te sonríes a ti mismo en el espejo? ¿Alguna vez te has sonreído por dentro tu solo?

Cuando te encuentres solo y estés sentado o recostado en silencio, te puedes imaginar sonriendo a ti mismo por dentro. Saluda y sonríe a tu garganta. Saluda y sonríe a tus pulmones. Saluda y sonríe a tu estómago, y así sigues. Sonríe a todos tus órganos internos.

La risa es también muy terapéutica, y deja ir ansiedades y otras emociones acumuladas. Amo reír. Amo oír a un bebe reír, especialmente la risa del estómago, cuando ríen tan fuerte, se siente mucho y no pueden controlarlo. Amo cuando un grupo de personas ríen tan fuerte que no pueden parar, y tratando de parar, ¡únicamente los hace reír más fuerte!

Como adultos, yo pienso que no nos sonreímos o nos reímos lo suficiente. Hemos perdido nuestra naturaleza de ser como niño, y pensamos que tenemos que ser serios cuando nos convertimos en adultos. Si miras a la gente, es raro encontrar a alguien sonriendo por dentro, en donde puedas ver una chispa en sus ojos.

¿Has perdido tu chispa? ¿En dónde está tu gozo?

Confiando y estando llenos de gozo y sonrisa son los primeros pasos para volvernos jóvenes otra vez. Como adultos, esperamos hacernos viejos y algún día morir. ¿Qué tal si el hacernos viejos fuera únicamente el resultado de nuestra expectativa de hacernos viejos, y por el consecuente estilo de vida? ¿Qué tal si pudiéramos ser como niños y esperar los misterios de la vida otra vez, y sonreír y reír como lo hacen los niños pequeños? ¿Viviríamos más tiempo y más saludable? ¿Podríamos crecer y hacernos más jóvenes en lugar de hacernos más grandes?

Si nuestras creencias y emociones afectan nuestra salud física, ¿entonces qué hacen a nuestro cuerpo nuestras creencias de envejecer y hacernos adultos? ¿Qué les pasa a nuestros cuerpos cuando estamos llenos de ansiedad y desconfianza, y nos encerramos a nosotros mismos, y sin experimentar gozo?

¿Qué pasaría si dejáramos de ser adultos serios, tratando de controlar nuestras vidas, y en su lugar confiáramos en el universo? ¿Qué tal si dejamos ir el coraje y en su lugar escogemos vivir una vida de gozo y maravilla? ¿Qué tal si dejamos ir todas las emociones negativas de nuestro cuerpo emocional, qué tipo de energía vendría en su lugar?

Nuestras creencias y pensamientos en nuestra mente afectan y pueden controlar nuestras emociones. El cuerpo emocional es como la tubería de nuestra casa. Cuando se tapa, el agua ya no puede fluir tan bien. Cuando limpiamos la tubería, el agua fluye suavemente. Cuando un tubo se revienta, causa daños al resto de la casa.

Ya hemos visto cómo nutrir tu cuerpo mental y energético, y también tu cuerpo emocional. Estos tienen un efecto en tu cuerpo físico, a través del cual tienes tus experiencias e interactúas con el mundo físico en el que vivimos. Enseguida veremos cómo nutrir tu cuerpo físico.

## ¡ACTÚA FUERA DUDA!

**A** tención Plena
**C** onciencia
**T** iempo Presente
**U** nida Respiración
**A** bordar Pensamiento

**F** omentar Perdón
**U** bérrimo Intuición
**E** l Respeto
**R** endir Servicio
**A** limenta Confianza

Cuerpo Físico {
**D** ieta
**U** niversal Conexión
**D** esintoxicación
**A** ctividad
}

# Es Tu Cuerpo, Sin DUDA

Si lo que queremos crear comienza como un pensamiento en nuestras mentes, y está motivado por el deseo en nuestros corazones, entonces es llevado a cabo por nuestros cuerpos físicos en esta existencia física. Mientras que nosotros no somos nuestros cuerpos, solo tenemos un cuerpo en esta vida, y depende de nosotros para cuidarlo y mantenerlo. Nadie más lo va a hacer por ti – solo tú puedes hacerlo. Solo tú puedes ser cuidadoso de tus pensamientos y tus emociones, y últimamente solo tú puedes cuidar de tu cuerpo.

Si nosotros somos seres espirituales, ¿por qué necesitamos cuidar de nuestros cuerpos físicos? Seguramente algún día regresaremos a nuestra Sobrealma y residiremos en algún lugar no físico, pero ahorita, aquí y ahora, tú eres un ser humano teniendo una experiencia física. Si nuestro propósito aquí es explorar esta realidad y crear dentro de ella, o hasta servir uno al otro, entonces necesitamos un cuerpo saludable y funcionando con el cual hacerlo.

Aunque yo no sea un experto en salud, les compartiré cómo he manejado para mantenerme más o menos saludable, aun con un horario apresurado. Yo llegué a tener un sobrepeso de sesenta libras, tenía colesterol alto, y alta presión, pero trabajé para sobrepasar estos retos, sin el uso de ninguna medicina. No toma mucho tiempo el ser atento y consciente, para perdonar a otros, o para ser agradecido y respetuoso. Así mismo, tampoco toma mucho tiempo el tener cuidado de tu cuerpo. Así como tampoco necesitas meditar por horas, tampoco necesitas ir al gimnasio todos los días para ejercitar por horas. ¡Entonces vamos a comenzar!

## D - Dieta

Nuestros cuerpos son increíbles. Si los dejamos, ¡son capaces de repararse por sí mismos! Ellos toman energía no solo por los alimentos que comemos, pero también por el aire que respiramos, y por el ambiente que nos rodea. La comida provee los materiales de construcción por los cuales el cuerpo se repara por sí mismo, así que si no tiene materiales buenos, entonces no va a poder hacer un buen trabajo.

Mientras que yo no tengo ninguna dieta en especial que recomendar, en general, trata de comer tan saludable como puedas, y tan saludable como puedas económicamente. Idealmente, me gustaría que mi familia comiera únicamente verduras y frutas orgánicas, y animales solo alimentados con hierbas y zacate, pero sinceramente, no puedo económicamente.

Quizá las palabras claves en una dieta son balance y moderación. Está bien de vez en cuando darte el gusto de comer algo dulce, pero probablemente no es buena idea el comerlos todo el tiempo. Especialmente en mi familia, corre mucho la diabetes, por lo que yo sé que mi familia y yo estamos a alto riesgo de desarrollarla, así que tratamos de no comer tanto dulce.

Una cosa que la mayoría de la gente probablemente podría comer más son frutas y verduras. Estas, de preferencia, deberían ser frescas y orgánicas. Existen varios modos de preparar las verduras para que no sean desabridas. Por ejemplo, mi esposa y yo nos hemos hecho aficionados a la comida Tailandesa y de la India, las cuales usan una gran variedad de especies para dar más sabor y textura a los vegetales.

Muy seguido, nuestra dieta no provee todos los minerales necesarios para permanecer saludable. Algunas veces es necesario tomar suplementos los cuales pueden ser de mucha utilidad. Consulta con tu médico para ver si deberías estar tomando suplementos, cuales son, y cuanto de cada uno. Una vitamina múltiple diaria podría ser suficiente para cubrir tus necesidades básicas, y no son muy costosas.

Otra práctica que yo creo es de beneficio es expresar gratitud por la comida que tienes, y bendecirla antes de comer. Al bendecirla, me gusta poner mis manos sobre la comida, dar gracias por ella e imaginar que hay vida – dando energía yendo de mis manos a la comida que voy a comer. Cuando consumo la comida, entonces también estaré consumiendo la energía de vida que acabo de otorgar a ella. Recuerda, la energía sigue el pensamiento e intención.

Cuando bendigo mi comida, también tengo la intensión de que mi cuerpo solo retenga lo que necesita de esta comida y que deshaga lo que no necesita. Desafortunadamente, existen varios tipos de residuos de insecticidas y aditivos en nuestras comidas, aun comprando alimentos orgánicos. Al tener esta intención en mi oración, espero que mi cuerpo extracte la nutrición que necesita, y pueda ignorar el resto.

Algunas veces nosotros subconscientemente ponemos libras de más para protegernos. El peso extra es como una barrera defensiva que nuestro cuerpo forma, reflejando la barrera emocional que nosotros formamos. Los problemas emocionales se convierten en problemas físicos. Es por esto que es importante que hagamos trabajo de relajamiento emocional y mental.

Cuando yo tenía sesenta libras de más, decidí hacer algo al respecto. No cambié mucho mi dieta. Para la comida de medio día, durante la semana, comencé tomando únicamente frutas y verduras, y quizá una barra de granola. Para la cena, seguí comiendo una comida balanceada, pero en pequeñas porciones, cortando en un segundo plato. Descontinué el consumo de dulces y bebidas carbonatadas como también en todo tipo de endulzantes. Yo solía beber cada mañana un vaso gigante de refresco de dieta, y probablemente esto fue para mí lo más difícil de dejar. Sin embargo yo no creo que estos cambios solos me permitieron perder las sesenta libras.

Algo importante, pero difícil en el proceso de la dieta, fue re-examinar mi vida hasta el día de hoy. Pase por el proceso de revisar todas mis relaciones, mis trabajos anteriores y más, para ver si todavía estaba aferrado a algún coraje, herida o arrepentimiento. Si estaba, entonces pase por el proceso de dejarlos ir, perdonar a otros y perdonarme a mí mismo. Durante el curso de un año, pude perder mis sesenta libras. El pequeño cambio de dieta seguramente ayudó, pero yo creo que el factor más grande fue el trabajo mental y emocional de dejar ir.

La gente siempre me pregunta – ¿qué estás haciendo para perder tanto peso? Yo titubeo, y luego mi esposa les dice que comencé a comer frutas para la comida de medio día. Eso es verdad, pero la verdad es que, también comencé a hacer trabajo mental y emocional de dejar ir. Algunas veces me acerco a algún familiar y les pido que me perdonen por algo que hice hace veinte años, ¡pero ellos ni siquiera recuerdan el incidente!

Lo que nosotros comemos es definitivamente importante. Crea los bloques de construcción que nuestros cuerpos utilizan para repararse solos. Comidas naturales, orgánicas son preferibles aunque algunas veces no sean accesibles económicamente. Come y goza la vida, saborea los sabores y texturas, pero hazlo en moderación. Siempre hay tiempo para experimentar más; ¡no se tiene que terminar todo al mismo tiempo! Se consiente de que tu cuerpo tiene que procesar todo lo que le pones. Toma un suplemento general para proveer a tu cuerpo lo que tu dieta no le dé.

## U – Universal Conexión

"¿Universal conexión?" te puedes estar preguntando. ¿Qué quiero decir con eso? Bueno, me agarraste. Necesitaba algo que comenzara con la letra "U" para que encajara con mi recurso mnemotécnico. Pero, yo pienso que no es solo relevante, pero también muy importante.

Seguido nosotros vivimos en nuestras mentes, y nos separamos del mundo alrededor de nosotros. En lugar de ver un mundo de belleza y maravilla, quizá vemos el mundo como lleno de microbios que están allí para enfermarnos, así que nos aislamos lo más posible del mundo natural. En las grandes ciudades, es fácil perderse en el mundo artificial de asfalto, concreto, metal y vidrio. El patrón de la mente o miedo de enfermarse, probablemente hace más para atraer un estado de enfermedad en tu cuerpo, que los gérmenes podrían hacer a una mente y cuerpo sano.

Pero, si parte de nuestro propósito de ser es experimentar el mundo a través de nuestros cuerpos, entonces no deberíamos estar escondiéndonos del mundo, tratando de escaparlo. Sí, hay gérmenes por todas partes, pero nuestros cuerpos están equipados para manejarlos. Si seguimos prácticas básicas sanitarias y mantenemos nuestro cuerpo saludable, entonces no tenemos por qué tener miedo a los gérmenes que se esconden en cada esquina.

Conectándote con el mundo alrededor de ti es conectándote de regreso con la naturaleza. En nuestro mundo sanitario moderno, seguido percibimos la naturaleza como algo que está "sucio", y mientras esté por detrás de una ventana o en su pequeña caja, es aceptable. Sin embargo, nosotros venimos de la naturaleza, comemos comidas provistas por la naturaleza, y cuando nosotros muramos, nuestros cuerpos retornaran a la naturaleza. Es parte de quienes somos como seres físicos en esta realidad.

¿Cuándo fue la última vez que literalmente te paraste a oler las rosas en un rosal, o que permaneciste bajo el sol, sintiendo su calor por debajo de tu piel, o tocaste un árbol, o caminaste descalzo en un campo de césped? Viviendo espiritualmente puede consistir en cosas tan sencillas que te conecten de regreso a la naturaleza, como tocar un árbol, admirar una mariposa, o meter tu mano en un jardín. Cortando el césped, o haciendo un trabajo similar de patio, puede ser suficiente para conectarte con la naturaleza. Yo gozo caminar afuera descalzo, conectándome con la tierra – aunque mi esposa me haga tallarme los pies antes de subirme a la cama.

Una conexión universal también puede ser conectándote físicamente con otras personas. ¿Cuándo fue la última vez que le diste a alguien un fuerte abrazo, o un apretón de manos? En algún nivel, todos estamos conectados y relacionados, y todos experimentamos esta experiencia física en este planeta en este tiempo. Aun viviendo en ciudades sobrepobladas y ocupadas, tenemos miedo de tocar unos a otros y hacer una conexión física.

Yo me siento tranquilo cuando una persona simplemente coloca su mano en mi hombro. Establece una conexión. Nos indica que no estamos temerosos los unos de los otros, y que estamos aquí para apoyarnos. Me hace sentir que no estoy solo. Otra vez, no toma mucho tiempo el conectar con la naturaleza, con nuestro planeta, o con otras personas. Solo toma unos pocos segundos de nuestro tiempo.

## D – Desintoxicar

Un aspecto importante para el mantenimiento de nuestros cuerpos es permitirles desalojar completamente todo residuo innecesario. Esto le ayuda al cuerpo a repararse solo. Cuando nosotros acumulamos mucho sobrante en nuestros cuerpos, se vuelve tóxico. Así como en nuestros hogares podemos hacer una limpieza completa un par de veces al año, donde nos ponemos de rodillas y tallamos la bases de los pisos, lavamos las cortinas y sacudimos los abanicos, así también debemos de dar mantenimiento regular a nuestros cuerpos.

El modo más simple para desintoxicar tu cuerpo es ayunar de vez en cuando. Esto le da a tu cuerpo un descanso de estar siempre procesando la comida, y le da oportunidad de ponerse al día y deshacerse del desperdicio. ¡No requiere tiempo adicional y te ahorra dinero!

Existen varios modos de ayunar. Hay ayunos de sopa, o de jugos de fruta, o ayuno de líquidos. Hay ayunos severos donde no comes nada por un largo periodo de tiempo, y solo tomas agua. Consulta tu medico antes de comenzar un ayuno, para determinar el mejor modo de ayunar para ti, que tan seguido lo debes de hacer, y por cuánto tiempo.

También existen limpiadores del colon los cuales pueden ayudar a remover residuos del intestino. Esto también ayuda a remover toxinas que solo se encuentran sentadas allí. Otra vez, consulta a tu medico en que tan seguido deberías hacer una limpieza del colon.

Un ejercicio que me gusta hacer es, mientras me estoy bañando, imaginar que el agua está lavando todas las emociones y modelos de pensamientos negativos que he guardado. Esto puede ayudar a limpiar tu cuerpo emocional, mental y energético, los cuales en su turno te ayudan a sentirte más liviano, lo cual en su turno desaloja las toxinas detenidas en tu cuerpo.

## A – Actividad

Nuestros cuerpos físicos son para ser movidos. Como dice el refrán, "si no lo usas, lo pierdes." Lo mismo se aplica para nuestros cuerpos. Si no nos movemos y lo usamos, los músculos pueden atrofiarse.

La actividad, o el ejercicio es muy importante para mantener nuestro cuerpo en forma y saludable. Esto no quiere decir que necesites ser un triatleta, o ir al gimnasio todos los días. Nada más haz *algo* por lo menos de quince a treinta minutos cada día. Camina alrededor de tu casa. Haz algo de yoga para estrechar tu cuerpo y mantenerlo flexible. Si aplica, toma las escaleras en el trabajo en lugar de tomar el elevador. Todo aunque sea poco ayuda a mantener tu corazón saludable y tu sangre circulando.

Aun con mi vida tan ocupada, decidí que me podía levantar por lo menos diez minutos más temprano de lo acostumbrado para estrechar y hacer algunos ejercicios. Por solo diez minutos menos de sueño, después de hacer mis ejercicios me siento más despierto y con más energía. Cuando voy a tomar el tren, me estaciono lo más lejos que puedo del tren para caminar a la plataforma. También comencé a caminar del tren a la oficina en lugar de subirme a otro tren, y comencé a subir las escaleras al séptimo piso donde se encuentra mi escritorio.

Caminar no es solo un gran ejercicio que mantiene la sangre circulando y el corazón trabajando, sino que también es suave en las coyunturas. También he encontrado que caminar me da la oportunidad de hacer algo de trabajo mental y emocional, ¡mientras también me estoy conectando con la naturaleza! Mientras estoy caminando, reflexiono en el pasado y decido qué es lo que tengo que dejar ir, mientras disfruto del sol en mi cara y siento la brisa en mi piel. Noto las mariposas volando alrededor y los pájaros cantando. Caminando es una gran oportunidad para los que no tienen oportunidad de ir al gimnasio, o conectar con la naturaleza, o reflexionar en su pasado.

El caminar puede ser utilizado como una forma de meditación, pero también puede ayudar a traerte al presente, por ejemplo, mientras estás consciente de las calles que estás cruzando para que no te pegue un carro. No te equivoques conmigo – me gusta tener mi propio vehículo, y cuando puedo aprovecho el transporte público – pero también gozo caminando, y siempre que puedo trato de caminar a diferentes lugares. A mi esposa no le gusta ir a ciudades nuevas conmigo, porque me puedo pasar todo el día caminando alrededor, viendo todo lo que hay que ver.

Nuestros cuerpos mentales, energéticos y emocionales vienen todos juntos e influencian nuestro cuerpo físico. Si nos ponemos a ver enfermedades holísticamente, entonces no es suficiente ver nada más los síntomas físicos, pero debemos examinar qué modelos de pensamiento o emociones reprimidas, u otros bloqueos de energía han contribuido a la misma.

Ahora, cuando comienzo a sentirme enfermo, miro mis propios pensamientos, sentimientos y creencias de ese momento. ¿Me estoy sintiendo mal porque siento que otros están tomando ventaja de mí? ¿Me está comenzando a doler el cuello porque siento que alguien está siendo difícil conmigo? ¿Me está comenzando a doler la espalda porque no me siento apoyado? Cada área de nuestro cuerpo se relaciona con ciertos tipos de sentimientos y pensamientos.

Una vez que hemos logrado identificar por qué nos estamos sintiendo del modo que nos sentimos, entonces podemos hacer algo para identificar nuestro modelo de pensamientos, sentimientos o creencias, y conscientemente cambiarlos. Una vez que hagamos los cambios, entonces podemos revisarnos para ver si nos estamos sintiendo mejor. ¿Sentí mejoramiento con mi dolor o mi salud cuando cambié mi modo de pensar? Si no, entonces voy a seguir buscando para ver cuál es el motivo detrás de eso. Así que dentro de nuestras enfermedades, seguido se encuentra una pista para nuestra propia cura.

Ahora que tenemos un mejor entendimiento de como nuestros pensamientos, creencias y emociones contribuyen a nuestro bienestar general, y que sabemos que hay cosas que podemos hacer, aun si tenemos vidas ocupadas, ¿qué hacemos con esta información? ¿Cómo nos ayuda esto a alimentar nuestra alma?

Recuerda ACTÚA FUERA DUDA y deberás experimentar salud y bienestar general.

Enseguida, veremos cómo todo esto se junta para ayudarte a reclamar tu poder y encontrar paz interna.

# No Un León O Un Cordero, Pero Un León Alado

Viviendo espiritualmente no es ser débil y dejar que otros pasen sobre ti. En su lugar, es reclamar tu poder, viviendo tu propósito, y creando la vida que quieras vivir.

El arquetipo de un cordero es un símbolo de debilidad. Es un seguidor. No se puede defender por sí mismo. Seguido es víctima de predadores, por lo que necesita protección. Parece que no tiene poder por sí mismo.

El arquetipo de un león es el símbolo de un predador. Está sentado en la cima de la pirámide de comida de animales salvajes, matando y tomando cualesquier animal pequeño que él guste para su siguiente comida. Como un rey, él impone sus voluntad en otros.

El arquetipo de un león alado es un símbolo de propia determinación, balance y sabiduría. Va detrás de lo que necesita, pero no trata de imponer su voluntad sobre otros. No es un rey, pero tampoco es una víctima. Puede defenderse solo.

## Estructuras De Poder

Cuando nosotros vivimos espiritualmente, podemos decidir no caer en el paradigma de gobernar o ser gobernado, como el león y el cordero, pero tenemos el poder de seguir nuestro propio camino, como el león alado. Nuestra espiritualidad concientizada nos permite ver que nuestro verdadero propósito es co-crear nuestras experiencias y explorar lo que es posible en esta realidad, y que todos somos iguales. Todos somos chispas de la Divina, teniendo diferentes experiencias en esta realidad. Ninguna persona es más importante que la otra.

Algunas personas han escogido imponer su voluntad, o su visión de cómo deben ser las cosas, en otros, ya sea a través de manipulación o por fuerza, y se sienten con el derecho o superiores al resto de la humanidad. Ellos han podido hacer esto, porque un gran número de personas se han sentido sin poder y victimizados, así que han permitido a los que dominan el gobernar en lugar de enfrentarlos. En este escenario únicamente los gobernantes están creando la vida que ellos quieren tener, con ellos teniendo el dinero y poder sobre todos los demás.

Cuando nosotros buscamos a otros para que nos "salven", o nos digan que hacer, estamos en efecto otorgando nuestro poder de actuar por nosotros mismos, o de decidir por nosotros mismos. Buscamos entidades ficticias como el gobierno para ayudarnos, pero el gobierno está hecho por otras personas como tú y yo. El gobierno no existe fuera de nuestras mentes. Es lo mismo con las corporaciones. Son entidades ficticias que no existen, excepto en la mente de las personas, y están operadas y manejadas por personas.

Para sobrepasar nuestra mentalidad de víctima, primero debemos de perdonarnos a nosotros mismos y nuestro pasado. Si hemos sido corderos en el pasado, nos podemos perdonar, y permitir volvernos en leones alados. Esto es verdad tanto al nivel individual como al nivel colectivo.

En nuestra actual forma de gobierno, les damos demasiado poder a esos en control, confiando en que ellos tienen nuestro mejor interés en su corazón. En una democracia, se supone que aquellos que recibieron el voto deben representar los intereses de las personas que votaron por ellos. Por lo menos, eso es lo que nos hacen pensar.

Sin embargo, existen otros modelos y formas de gobierno-propio que no requieren el otorgar el poder de uno a una autoridad más alta. A nosotros no nos enseñan ningún tipo de alternativas, excepto quizá del dictador malo o el régimen fascista. Yo tengo confianza que en el futuro, vamos a poder encontrar mejores modelos de gobierno-propio que no consista en leones gobernando a los corderos, pero quizá consista en una comunidad de leones alados que se respeten unos a otros como iguales, y lleguen a tener acuerdos mutuos.

## Gratitud

En un nivel individual, podemos comenzar a reclamar nuestro propio poder expresando gratitud por todo lo que experimentamos, ambos bueno y malo. Cuando nosotros permitimos que las experiencias negativas nos afecten, ellas ganan poder sobre nosotros. Al aceptar lo que es, podemos seguir sin sentir el peso de las experiencias pasadas. Al expresar gratitud, no solo reconocemos las experiencias pasadas, sino que también invitamos nuevas experiencias y posibilidades, y no están limitadas por nuestras experiencias previas.

Para vivir espiritualmente y con gozo, no podemos vivir con remordimiento o arrepentimiento. Debemos de aceptar lo que fue, encontrar expiación para nosotros, y seguir adelante. Tampoco podemos vivir con el temor de lo qué podría suceder. El temor nos pone en un estado de victimización. Cuando hemos sido impactados por un evento, nos volvemos temerosos, y podemos ser fácilmente manipulados. Cuando estamos centrados y con los pies en la tierra, no permitimos el ser manipulado por el temor.

## Integridad

Otro modo sencillo de reclamar tu poder es vivir con integridad. Vivir espiritualmente es vivir con integridad, siendo seguro de quien eres y cuál es tu propósito. Cuando dices la verdad, nadie tiene poder sobre ti. Nadie puede reclamarte una mentira o chantajearte con algún secreto. Si tú eres completamente transparente, entonces no tienes nada que esconder. Así mismo, cuando das tu palabra y cumples tus promesas, honras tu poder y otros te respetarán.

Parte de vivir con integridad es aceptar y tomar responsabilidad por tus decisiones y acciones. Cuando tú lo aceptas, no culpas a nadie más. No juegas a ser la víctima y dices que no fue tu culpa, o que no lo pudiste evitar. Cuando tienes el poder de crear, debes de aceptarlo y tomar responsabilidad por tus creaciones, tus decisiones y acciones.

## Cambio

Si parte del propósito de la creación es experimentar lo que es posible y explorar todas las posibilidades, entonces aplica el razonamiento de que nada es siempre lo mismo. Todo se encuentra siempre en un constante estado de cambio, desenvolviéndose, ya sea creciendo o decayendo. Cuando nosotros vivimos espiritualmente reconocemos esta verdad. Todo cambia, nada queda igual. Nosotros nos desarrollamos y crecemos, o si no estamos creciendo, morimos.

Quizá otra clave para permanecer jóvenes y saludables es ser curiosos, continuar aprendiendo, adaptándonos y cambiando a través del tiempo. La tecnología continúa cambiando a un paso rápido. Nuevos y excitantes avances son hechos todo el tiempo en las ciencias y medicina. Entendimientos nuevos de nuestro universo físico continúan revelándose. ¡Existe tanto todavía que no conocemos o entendemos! Nunca somos demasiado grandes para aprender cosas nuevas.

## Ser Holístico

Para tomar responsabilidad por ti mismo, debes reconocer que eres un ser multidimensional, compuesto de pensamientos, creencias, sentimientos y emociones, energía, y un cuerpo físico donde se encuentra todo integrado e interactúan juntos. Es como una casa que está compuesta de diferentes sistemas. Es solo una casa, pero consiste de una estructura, un sistema eléctrico, un sistema de plomería, etc.

Cualesquier desbalance en uno de estos sistemas puede causar una interrupción en los otros. Si otra vez piensas en una casa, una gotera en la plomería puede echar a perder los pisos; un movimiento en la fundación puede arruinar la plomería; una falta en el alambrado puede iniciar un incendio.

Así pues, vivir espiritualmente es tomar responsabilidad por cada aspecto de ti mismo. Tú manejas tus pensamientos, creencias y deseos. Tú miras tus emociones y controlas tus reacciones. Tú cuidas de tu cuerpo comiendo saludable y haciendo un poco de ejercicio cada día.

Cuando tomas responsabilidad por cada aspecto de tu salud, ya no eres una víctima, un cordero. Tú podrías culpar la industria alimenticia por hacer alimentos sin valor nutricional. Podrías culpar las compañías farmacéuticas por los efectos secundarios de los medicamentos que tomas. Podrías culpar al gobierno por no hacer un mejor trabajo al supervisar doctores o fabricantes de medicinas, o conglomerados de agricultura. La lista no tiene fin.

El punto es, cuando tú tomas control y responsabilidad por tu propia salud, te conviertes en un león alado. Tú forjas tu propio camino, y ya no eres una víctima pasiva a cualquier situación que se te presente. A nadie más se le puede culpar por tu salud y bienestar, sino a ti mismo.

## Sigue Tus Sueños

Parte de ser un león alado es seguir tu propio sueño, siguiendo tus pasiones y yendo tras de ellas. Nadie más lo hará por ti. Es parte de la razón por la que estamos aquí, para seguir nuestros intereses y explorar lo que nos sea posible. Tus intereses, así como las cosas por las que tienes curiosidad, te llevarán a un propósito específico en esta vida.

¿Estás siendo un león alado y persiguiendo activamente tus sueños y pasiones? ¿O estás siendo un cordero y haciendo lo que tú piensas que deberías estar haciendo, o lo que te dicen otros que hagas? ¿O estás siendo un león, y persiguiendo tus sueños a costa de otros? El camino espiritual es el camino del respeto, así que deberíamos ser leones alados y no leones.

## Desorden

Seguido, nuestros problemas emocionales nos detienen, y esto puede ser reflejado por el desorden físico en nuestras vidas. Si perdonar quiere decir dejar ir los problemas emocionales, ¿hay exceso de cosas y desorden en tu casa, tu carro, o tu oficina de las que te puedas deshacer de ellas? Nuestra realidad física seguido refleja nuestros pensamientos, modelos de vida y creencias. ¿Quizá es tiempo de limpiar tu cochera, o limpiar el ático y deshacerte de todas las cosas que no necesitas? Todas esas cosas que estás deteniendo representan el problema emocional que no estás dejando ir.

Así mismo, ¿podemos hacer con menos cosas en nuestras vidas? Seguido la sociedad nos dicta que más es mejor. Necesitamos tener los últimos artilugios y chucherías. ¿En serio? ¿Cuántas veces hemos comprado algo, y lo usamos solo una vez, o no lo usamos? Cuando los comerciales están dirigidos a nosotros, ¿somos corderos y cedemos y compramos lo último de la moda, o primero lo pensamos dos veces para ver si de verdad lo necesitamos? El dinero es energía, así que podemos ahorrar y dirigir nuestra energía más sabiamente al gastarlo más sabiamente.

## La Realidad Como Un Espejo

Finalmente, si nuestros pensamientos son como unos planos para nuestra realidad, ¿entonces qué nos dice nuestra presente realidad y experiencia acerca de nuestros pensamientos? Yo he encontrado de ayuda el reflexionar en los eventos de mi vida diaria para ver cómo atraje esos eventos con mis pensamientos, creencias o emociones.

Nuestras vidas entonces se convierten en metáforas para nuestros planos internos, nuestros propios modelos de pensamiento. ¿Qué podemos aprender acerca de nosotros por los retos que pasamos día tras día?

Quizá no son los otros los que requieren cambiar, sino nosotros mismos los que necesitamos cambiar. Por ejemplo, yo he tenido trabajos en donde pensé que el gerente era muy irritante. Tal vez sí era, pero cuando veo mi experiencia, quizá yo también tuve culpa. Quizá yo estaba siendo beligerante o indignante con mi actitud, la cual causó a mi gerente a actuar hacia mí del modo en que lo hizo. Otros reaccionan a lo que tú haces.

Tu propio hogar puede ser un reflejo de tu estado interior. Si tienes insectos en tu casa, ¿hay algo que te está molestando? Si hay una gotera en algún lugar, ¿está tu hogar experimentando desarreglo emocional? Si hay problemas con la fundación, ¿estás sintiéndote inquieto? Mientras que no siempre pueda ser una conexión directa, puede serte de ayuda el examinar tu casa como una reflexión física de tus propias prácticas y de los que están viviendo en tu casa.

Al examinar los sucesos y retos que se presentan en tu vida en el contexto de tus propios modelos de pensamientos, creencias y emociones, estás tomando responsabilidad y siendo un león alado otra vez. La mayoría de las personas piensan que son víctimas de todos estos problemas, y no toman responsabilidad en la creación del problema. Vale la pena por lo menos el considerar cómo los sucesos que enfrentamos son reflexiones de nuestros propios modelos de pensamiento y creencias.

## Paz Interna

Al aceptar lo que es y dejar ir el pasado, todo el desorden en nuestras vidas, nos abrimos a la energía y potencial en el universo. Comenzamos a reconocer que la vida es solo una experiencia, y de que estamos aquí para explorar esa experiencia y servir y amar unos a los otros. Cuando somos leones alados y aceptamos la responsabilidad de todos los aspectos de nuestras vidas, comenzamos a encontrar paz interna, aceptación y entendimiento. La paz interna comienza cuando creemos con todo nuestro ser que somos una chispa de la Divina, que no hay nada que temer en esta vida, ni siquiera la muerte, y que podemos esperar nuevas experiencias con alegría.

Como leones alados viviendo espiritualmente, sabemos que nuestros pensamientos forman nuestras experiencias y dirigen nuestra energía en el universo, y que nosotros podemos tomar una parte activa en formar pacientemente la vida que queramos vivir. Ya no somos corderos o víctimas, y estamos conscientes de respetar el camino de otros y de no ser leones. La paz interna viene de adentro, y nada o nadie te la puede dar, o quitártela una vez que la tengas.

Así que, ¿qué tiene de bueno el tener paz interna, si no tiene influencia en tus relaciones, o en tu vida? Tú no puedes cambiar a nadie más. Solo te puedes cambiar a ti mismo, y encontrar paz interna para ti. Enseguida vamos a ver cómo viviendo espiritualmente y encontrando paz interna puede impactar tus relaciones con aquellos alrededor de ti.

# Comienza Por Dentro Y Trabaja Hacia Afuera

En mi modelo de quiénes somos y por qué estamos aquí, nosotros somos chispas del Creador que estamos aquí para crear y explorar en esta realidad, pero también estamos aquí para servir y amar unos a los otros. Vivir espiritualmente no tiene sentido si es algo que solo guardamos para nosotros mismos. Tiene que ser compartido, y extenderse en nuestras relaciones con los que nos rodean.

Al servir a otros, estamos conscientes de la Divina chispa que también se encuentra en ellos, así que los respetamos, sin importar si nos gustan o si estamos o no de acuerdo con ellos. Ellos siguen siendo parte del Creador, siguiendo su propio camino. Ellos tienen su propio propósito de estar aquí, y están siguiendo sus propias metas. Nosotros debemos respetar los propósitos de los otros, siempre y cuando no interfieran con el propósito de otro.

Algunas veces cuando las personas son muy diferentes a mí, puede que me sienta un poco inseguro y quizá hasta intimidado. Entonces me recuerdo que solo son personas como yo.

Ellos también tienen metas, necesidades, problemas con los que tienen que trabajar, y quizá hasta sus propias inseguridades.

Mientras nosotros tratamos de vivir nuestras vidas más espiritualmente, estando conscientes de nuestra naturaleza espiritual, nuestro propósito, y tomando más responsabilidad por nuestros pensamientos, nuestros sentimientos y nuestros cuerpos, podemos comenzar a reflexionar en las relaciones en nuestras vidas. Quizá el lugar más difícil de comenzar es con nuestra propia familia, particularmente con los padres de uno.

## Padres Y Guardianes

Todas las personas tienen padres – si no biológicos, entonces alguien que los cuidó y los creó. Lo más importante de recordar es que nuestros padres y guardianes tampoco son perfectos. Ellos también son personas. Probablemente ellos no sabían lo que estaban haciendo cuando comenzaron a tener hijos, y probablemente fueron aprendiendo a través del tiempo.

En la mayoría de los casos, me aventuro a decir que los padres tratan de hacer lo mejor que pueden. Podríamos estar traumatizados por algunas de sus acciones, pero en ese tiempo, ellos actuaron de la única forma que sabían. Ellos tenían sus propios problemas. Se pudieron encontrar atrapados, o podían haberse quedado estancados en una mentalidad de víctima.

Para que nosotros podamos crecer y realmente llegar a ser lo que debemos ser, debemos perdonar a nuestros padres o guardianes por las veces que nos hayan herido o traumatizado. Si ellos todavía se mantienen cerca, no quiere decir que de repente te tengas que hacer su mejor amigo. Quiere decir que dejes salir toda la carga emocional que traes por dentro, y no mantener ningún coraje o resentimiento que todavía pudieras sentir hacia ellos.

Recuerda, cada vez que te aferras a un coraje, odio o resentimiento, se bloquean los canales de energía en tu cuerpo energético, el cual a su vez se puede manifestar en cáncer, o en alguna otra enfermedad. Al sostener emociones negativas, solo te estás dañando tú mismo. Déjalo ir y sigue con tu propia vida. No sirve vivir en el pasado. Vive en el presente.

Yo mismo como padre, sé que no soy perfecto. Yo sé que mi esposa y yo de algún modo hemos traumatizado a nuestras hijas. Tratamos de hacer lo que esté bien. Hacemos lo mejor que podemos. No existe un solo método que trabaje para todos los hijos, puesto que cada persona tiene su propia personalidad, así que los métodos que usamos tienen que ser adaptados a cada persona. Aun así, cometemos errores. De vez en cuando tomamos mala decisiones.

## Relaciones

Así como debemos perdonar cualesquier herida o injusticia que hayamos percibido por parte de nuestros padres cuando estábamos creciendo, así también debemos de perdonar a los que nos han herido en nuestras pasadas relaciones personales.

Cuando estamos en una relación amorosa, nos entregamos y nos hacemos vulnerables a la otra persona. Por lo que al terminar una relación con alguien nunca es fácil, y muchas veces es doloroso. Aun, si no estuviste en una relación formal, te puedes haber sentido usado por alguien.

Por más difícil que sea, necesitas dejar ir las heridas y el dolor pasado, y cortar todos los lazos. Otra vez, esto no significa que tengas que ser amigo de alguien con el que estuviste muy cercano, pero significa que no cargues el coraje y odio dentro de ti. No permitas que las experiencias pasadas te prevengan de tener las experiencias que tú quieras tener hoy.

En estas situaciones, es igual de importante el perdonarte a ti mismo, y no pensar que eres estúpido, o feo, o no merecedor de amor. Tú eres merecedor de amor. Así como tú tienes mucho amor para dar, así tú también eres merecedor de ser amado.

Deja que las experiencias pasadas te sirvan como una lección para aprender. ¿Estás viendo patrones similares en tus relaciones pasadas? ¿Existe una creencia subconsciente que tengas de ti mismo, como que no eres merecedor de ser tratado con honor y respeto? Aprende de tus propias experiencias, y luego que te sirvan para crecer.

Si tú te encuentras actualmente en una relación amorosa, ¿honras y respetas a tu pareja como otra chispa Divina, en su propio camino? Es tentador en una relación el querer controlar a la persona con la que estamos, pero ellos son una persona separada, siguiendo su propia jornada. ¿Amas a tu pareja incondicionalmente? ¿La apoyas para que siga sus propios intereses y pasiones?

Una cosa que he aprendido de una forma dura es que es importante el ser completamente honesto y transparente en una relación. Cuando guardé secretos, me hizo sentir significante, pero al final solo me hirió. ¿Tú eres completamente abierto, honesto y transparente con tu pareja? ¿O estás guardando secretos? Tú no quisieras encontrar sorpresas de tu pareja, así que también sería respetuoso el no ocultarle nada a ellos.

En estos tiempos, es importante definir reglas en una relación. ¿Qué es aceptable y qué no es? Si tu pareja cruza una de estas reglas, sería muy entendible que te molestaras. ¿Tú honras y respetas las reglas que tú y tu pareja se han impuesto? ¿Estás viviendo con integridad en tu relación y siendo honesto con ellos?

## Hijos

Si tienes hijos propios, o estás educando niños, es importante demostrarles y enseñarles el amor incondicional. En mi familia, nosotros les decimos a nuestras hijas que siempre las vamos a amar, ¡pero eso no significa que siempre nos van a gustar!

Nosotros tampoco decimos que somos perfectos. Cuando cometemos errores, los reconocemos y le pedimos disculpas al niño. Aun si el niño es de corta edad, todavía son personas individuales. Ellos son capaces de entender errores, remordimiento y perdón. Cuando un adulto reconoce un error y se disculpa y pide perdón a un niño, les está dando un ejemplo, y les demuestra que nosotros como padres o guardianes no sabemos todo y que también cometemos errores.

Por eso es importante el enseñar a los niños a tomar responsabilidad por sus propias decisiones y acciones. Ellos aprenden que existen consecuencias por sus actos. No pueden hacer nada más lo que ellos quieran, sin encontrar consecuencias o reacciones. Si nosotros como adultos necesitamos tomar responsabilidad por nuestra propia salud y bienestar, ¿no deberíamos de también enseñarles a tomar responsabilidad por sus propias decisiones?

Finalmente es importante animar a los niños a seguir sus propios intereses y pasiones y apoyarlos hasta donde nos sea posible. Anímelos a seguir sus sueños. Anímelos a ser creativos y a pensar fuera de la norma. Nuestros niños son nuestro futuro, y si queremos un futuro nuevo excitantes, necesitamos que los niño sean de libre pensamiento, y que sigan su propia intuición. ¡La intuición puede ser una gran fuente de inspiración!

Deberíamos de enseñar a nuestros hijos a perseguir sus sueños y a continuar aprendiendo y creciendo, siempre y cuando no perjudique o dañe a otros, o interfiera con su libre voluntad. Algunas veces también necesitan ser enseñados a respetar a otros.

Una práctica que nuestra familia goza haciendo juntos es el bendecir juntos los alimentos antes de cada comida, y dar gracias al final del día por nuestro día.

## Comunidad

Al estar persiguiendo nuestros intereses y siguiendo nuestro camino, inevitablemente conoceremos otras personas y estableceremos relaciones. Esto puede suceder en el trabajo, en la escuela, a través de la escuela de nuestros hijos, o cualesquier otro número de lugares o eventos.

Ciertamente debemos a respetar a todo aquel que conozcamos, aun si no nos acoplamos y no nos hacemos amigos. Nosotros esperamos que otros nos respeten. A través del tiempo encontramos nuestra propia comunidad y grupo de amigos. Estas son las personas con las que podríamos tener intereses comunes, compartir respeto mutuo, y probablemente gozar mutuamente de su compañía.

Mientras desarrollas tus relaciones con otros en tu comunidad, ¿los apoyas a seguir su propio camino, o a perseguir sus propios intereses? ¿Estás con ellos cuando están pasando por una crisis personal, y necesitan un hombro para llorar o a alguien que los escuche? Nosotros no vivimos aislados uno del otro y parte de nuestro propósito aquí es apoyarnos unos a otros. Cuando tú estás allí para otros, los otros estarán allí cuando tú los necesites.

¿Vives con integridad en tu comunidad, y con tu grupo de amigos? ¿Eres tú mismo cuando estas con ellos, o pretendes ser alguien que no eres? ¿Qué tal en tu trabajo, con tus compañeros de trabajo?

¿Eres honesto con todos los que conoces? ¿Eres honesto en tu casa, con tu familia o compañeros de casa? Si tomaste comida de la nevera que no era tuya, ¿lo admites y pides disculpas? ¿O lo niegas rotundamente?

Para mí, ha sido difícil ser autentico con otros y compartir mis pensamientos y preocupaciones. Me es temeroso el abrirme hacia otros, especialmente extraños. Me hace vulnerable. Significa que otros podrían bromear o burlarse de mí.

Sin embargo a través del tiempo he encontrado que para establecer relaciones saludables es muy importante el ser auténtico con otros y permitirte ser vulnerable. Es muy difícil para mí el ser yo mismo con otros fuera de mi familia. Sin embargo cuando me abro me sorprendo placenteramente. Las personas generalmente te respetan, y no se burlan de ti. Ellos pueden apreciar cuando los respetas lo suficientemente para ser tú mismo.

Cuando vives en paz con salud y con integridad personal, la gente lo comienza a notar y lo admiran. Puede que te pregunten qué ha cambiado en tu vida, y quieran aprender más. Esta es una gran oportunidad para compartir lo que has aprendido con otros, y ayudarles a encontrar paz y sanación en sus propias vidas. Quizá les ayude a encontrar significado en su vida, y entender su propio propósito en la misma.

También es posible amar a otros en tu comunidad, aun extraños que acabas de conocer. Como Madre Teresa, estas personas ven la chispa de la Divina en cada persona que conocen, y los aman, solo por ser humanos, por ser quién y qué son.

Si viviendo espiritualmente es reconocer la chispa Divina dentro de ti y de los otros, ¿no tendría sentido el amar a todos, incluyendo a nosotros mismos, del modo en que el Creador ama a cada uno de nosotros, y tratar uno al otro como corresponde?

Tú has encontrado paz interna dentro de ti, y se nota en tus relaciones con los que te rodean. ¿Qué más es posible?

# Todos Estamos Juntos En Esto

La paz es alcanzable por nosotros mismos cuando vivimos espiritualmente, y con integridad. Al vivir nuestra vidas día tras día sabiendo que somos una chispa del Creador teniendo esta experiencia física, seguimos nuestra intuición y tomamos responsabilidad por nuestra propia vida, encontramos un lugar de paz interna dentro de nuestros corazones y mente. Nuestra mente sabe quiénes somos y por qué estamos aquí, mientras que nuestro corazón siente la conexión a nuestra Sobrealma, a algo más que nosotros mismos.

Cuando encontramos paz interna y salud, los otros lo notan y quieren la misma experiencia. ¿Quién *no quiere* ser saludable y tener paz? Mientras compartimos nuestro amor por la vida con otros, se vuelve contagioso, y otros comenzarán vivir así, encontrando curación en sus propias vidas y encontrando la paz dentro de ellos mismos.

## Muchos Caminos, Una Simple Jornada

Yo creo que la paz del mundo no es solo un sueño, y que no solamente es posible de obtenerse, sino que puede ser obtenido. Todos somos únicamente humanos teniendo una experiencia física, encontrando diferentes retos – pero todos nos podemos ayudar y apoyar, en lugar de tratar de hundirnos o destruirnos unos a otros.

En el fondo, todos somos humanos, tenemos las mismas necesidades, y nos enfrentamos a muchas de las mismas batallas. En realidad, no hay un "nosotros" contra "ellos". Es tentador el denigrar a otros que sean diferentes, que vienen de un lugar diferente, que lucen diferente, o que nos amenacen y quieran imponer su estilo de vida en nosotros o quitarnos algo que nosotros tengamos.

Si nosotros nos ponemos en su posición, podemos comenzar a entender de donde vienen. Ellos también tienen necesidades, y tienen sus propias creencias que les trabajan a ellos. ¿Qué creencias los están motivando? ¿Qué necesidades tienen que los están llevando a actuar del modo en que lo hacen?

## El Guerrero Pacífico

De ninguna manera estoy apoyando el pacifismo. Si ser espiritual es tomar responsabilidad por ti mismo, entonces parte de esa responsabilidad es la responsabilidad de protegerte y defenderte tú mismo. Tú tienes el derecho de defender tu cuerpo, así como el de tu comunidad, tu nación, tu planeta, y más. No puedes experimentar esta vida física si estás muerto. Tu género no puede sobrevivir y salir a explorar el universo si estás aniquilado.

Por lo tanto, no seas un cordero – una víctima que permite ser comido porque no se puede defender solo – pero tampoco seas un león, que ataca a otros para conquistarlos y gobernarlos. En su lugar, se un león alado que sigue su propio camino, toma cuidado de sus propias necesidades, y se defiende solo cuando lo necesita.

Siempre me ha gustado la imagen del monje-guerrero. Por ejemplo, toma a los monjes Shaolin. Ellos practican el budismo, el cual no es violento, sin embargo, no iban a titubear para defenderse ellos mismos, o aun para defender a otros que sean vulnerables. La mayoría de las artes marciales salieron de filosofías pacíficas que estuvieron listas para defenderse ellos mismos.

## ¿Qué Tal Si.....?

Aun así, ¿qué pasaría si en todo el planeta la mayoría de la gente se respetara mutuamente? ¿Qué tal si ellos se dieran cuenta que todos somos diferentes chispas de la misma Fuente, experimentando y co-creando esta realidad compartida? ¿Qué tal si todos pudiéramos vivir en paz, permitiéndonos los unos a los otros el seguir sus propios caminos y creencias, sin imponer nuestras creencias en la de otros?

Nosotros podríamos trabajar juntos para crear un cielo en la tierra, con suficiente agua limpia y comida nutricional para todos.

Nosotros podríamos ayudarnos mutuamente a explorar los misterios del universo.

Nosotros podríamos ir al espacio y comenzar a explorar el vasto universo en el que vivimos.

Nosotros hasta podríamos conocer a otros seres co-creadores que comparten este universo con nosotros, y que actualmente nos evitan o nos ignoran.

¿Quién *no* quisiera todo esto?

## Divisiones Artificiales

Cuando vemos quién *no* quiere paz en el mundo, tenemos que ver quién *se beneficia* por el conflicto y la violencia. Seguramente, los leones no quieren que los corderos se conviertan en leones alados – a ellos les gusta ser el rey de la selva, teniendo poder y control sobre otros. Ellos harían cualesquier cosa para permanecer en sus posiciones de poder y control.

Un modo en que las ovejas son controladas es dividiéndolas y poniéndolas una contra otra. Esta técnica de dividir y conquistar ha sido utilizada a través del tiempo, y actualmente continua siendo usada. En la guerra civil de los Estados Unidos, el Norte fue puesto contra el Sur. Los negros son puestos contra los blancos. Conservadores Cristianos son puestos contra los liberales y homosexuales, y más.

Todas estas son divisiones artificiales, porque en esencia, todos somos humanos queriendo la misma cosa – el derecho de vivir nuestra vida como queramos. Si nosotros respetáramos el derecho de cada uno para crear sus propias vidas, entonces estas divisiones no tendrían sentido. No habría ningún conservativo o liberal – solo personas.

Cuando caemos dentro de estas divisiones artificiales, cedemos algo de nuestro poder. Alguien más, los leones, nos están diciendo que somos diferentes, y que el otro lado es el lado equivocado, así que les creemos y nos convertimos en corderos.

Si todos pudiéramos reconocer que estas divisiones son solo artificiales, entonces podríamos reclamar nuestro poder y una vez más convertirnos en leones alados. Cuando alguien nos dice que debemos tener temor a alguien solo porque ellos son diferentes, están tratando de dividirnos. Cuando tú reclamas tu poder, puedes pensar por ti mismo, y reconocer que no hay razón para temer a la otra persona solo porque es diferente. Ellos tienen el derecho de existir y seguir su propio camino al igual que nosotros.

Colectivamente, podemos estar de pies juntos, brazo-con-brazo y rehusar el caer en la trampa de la división. Nosotros estamos aquí para explorar esta realidad física, de diferentes modos, y somos responsables por nuestras propias vidas. En este sentido, todos estamos en este juego de la vida juntos.

Como grupo, no podemos culpar a otros grupos por nuestros problemas. Aplica el mismo principio. Necesitamos tomar responsabilidad por nuestras situaciones, y preguntarnos, ¿cómo es que sucedió esto? ¿Qué creencias tuvimos que nos llevó a esta situación? ¿Creímos que éramos superiores a otros? ¿Pensamos que podíamos tomar lo que quisiéramos aun si no era nuestro?

Cuando vemos quién más se beneficia por la falta de paz en el mundo, no son solo los controladores, los leones, que quieren dividirnos e instalar miedo en nosotros para poder controlarnos más fácil, pero también es la industria que apoya la violencia física por la que se beneficia. Existe un completo complejo militar-industrial que se mantiene y se beneficia por las guerras perpetuas. Estos generalmente no son sistemas de defensa, sino armas utilizadas para subyugar y conquistar. Mientras esta industria continúe, siempre habrá gente empujando para que haya más conflictos armados alrededor del mundo.

## ¿Intervención Externa?

Aunque pudiera parecer no realista el sueño de que todos nos podamos llevar bien y que tengamos paz mundial, algunos esperan que una fuerza mayor de fuera vaya a intervenir en nuestros asuntos, y de algún modo mágicamente traiga paz al mundo. El "salvador" podría ser un jefe mundial, o una raza "alienígena" que venga a salvarnos.

La clave principal con este punto de vista es que otra vez nos pone en la posición de ovejas, víctimas que no somos capaces de ayudarnos o de defendernos solos. Nosotros no estamos tomando responsabilidad por permitir la situación en la que nos encontramos y ponerle fin, y estamos esperando que alguien más limpie nuestro desorden. También muestra una creencia de que somos incapaces de resolver nuestros problemas por nosotros mismos.

Existe un dicho que dice "Dios ayuda a los que se ayudan solos". Nunca es más cierto que en este caso. Si la chispa de la Divina reside dentro de nosotros, entonces el Creador siempre está aquí entre nosotros, dentro de cada uno de nosotros. Nosotros *actualmente* tenemos acceso a la sabiduría Divina a través de nuestra conexión con nuestra Sobrealma, y podemos contar con nuestra intuición para encontrar soluciones a nuestros retos. Al tomar responsabilidad por nuestra situación y buscar una guía a través de nuestra conexión interna, yo creo que tendremos la inspiración necesaria para resolver nuestros problemas.

Nosotros *somos* literalmente las manos y los pies del Creador, aquí en la tierra. El Creador permite todas las cosas que son posibles, así que depende de nosotros el salvarnos a nosotros mismos. Si realmente queremos paz en el mundo, no podemos esperarnos como ovejas a que alguien venga y se imponga sobre nosotros. Depende de nosotros colectivamente el tomar el control y estar de acuerdo en qué es el modo en que queremos vivir y tener la experiencia de esta realidad.

Sin embargo, no podemos esperar a que las naciones y las tribus obtengan paz entre ellos, hasta que nosotros mismos hayamos encontrado la paz. Yo creo que el camino a la paz mundial comienza con un despertar espiritual, mientras que nosotros individualmente buscamos encontrar la paz interna, la sanación, y el entendimiento primero.

## Beneficios de la Paz

¿Por qué querríamos vivir en un mundo pacífico? Parece simple el hacer esta pregunta. Viviendo en una era de paz nos permitiría a nosotros individual y colectivamente, el seguir nuestros sueños y explorar la naturaleza de esta realidad, sin la amenaza de ser herido o asesinado. Nos permitiría vivir en un mundo sin miedo. Sin miedo, no íbamos a ser fácilmente controlados y manipulados, y podríamos perseguir nuestro propósito y contribuir a los demás.

La guerra es un infierno. Es un matar sin sentido. ¿Para qué estamos peleando? ¿Es para que algunos bancos puedan hacer más dinero, y así algunas corporaciones puedan tener acceso a los minerales que ellos quieran, o para que la ideología de un grupo domine al otro? Existen muchos otros modos para cumplir nuestras metas, sin tener que combatir uno con otro violentamente. Luego se convierte en una pregunta de quién tiene las armas más grandes, o las bombas más grandes. ¿Entonces ese grupo se convierte en un gran matón? ¿O eso les da el derecho de imponer sus leyes a todos de acuerdo a sus estándares?

Al vivir en paz, podemos vivir en harmonía unos con otros, y trabajar juntos para llegar a un entendimiento mutuo. Eventualmente, también podemos aprender a vivir en harmonía con la naturaleza. No tiene que ser "el hombre contra la naturaleza." La naturaleza no es una fuerza que está contra nosotros. Cuando seguimos nuestros corazones y nuestra intuición, podemos trabajar en harmonía unos con otros, y con la naturaleza.

## Tanto Arriba Como Abajo

Cuando yo estaba estudiando metafísica y las ciencias herméticas, aprendí de un axioma que simplemente indica, "Tanto Arriba, Como Abajo." En términos generales, esto significa que el macrocosmos es una reflexión del microcosmos, y viceversa. Es como diciendo que nuestros pensamientos forman y crean nuestra realidad, mientras que al mismo tiempo nuestra realidad es el resultado de nuestros pensamientos y creencias.

El mismo principio aplica al mundo entero. Nosotros podríamos decir que existe violencia y desconcierto en el mundo, porque hay violencia y desconcierto en nosotros. No estamos en paz con nosotros mismos. El mundo exterior está reflejando nuestro mundo interior.

Si esto es cierto, entonces la llave para crear la paz mundial es que las personas estén en paz consigo mismas. Viviendo espiritualmente nos puede ayudar a encontrar la paz interna, y como ya lo hemos visto, no toma mucho tiempo en nuestras vidas el vivir espiritualmente. Si nosotros reclamamos nuestro poder y no permitimos que el temor nos controle, entonces podremos encontrar paz dentro de nosotros, el cual a su vez afectará nuestras vidas y la de las personas que nos rodean.

## Centésimo Mono

Tú podrías argumentar que no es realístico el esperar que todo el mundo viviera espiritualmente, encontrara paz interna, y respetara a los demás. Por lo menos eso no va a pasar de la noche a la mañana. Lo más seguro es que tú estarías correcto.

Existe una teoría llamada el efecto del centésimo mono, donde un nuevo comportamiento o idea se divulga a todos los miembros del grupo, una vez que un cierto porcentaje de los miembros lo han adaptado. Cuando se llega a una masa crítica, entonces todos los miembros tienen acceso a la idea.

No es realístico el esperar que todo el mundo siga un camino espiritual, o que encuentren paz interna. Sin embargo, tal vez no sería necesario que todos lo hicieran, para que suficientes personas encuentren paz dentro de ellos y también traigan paz al mundo. Para que la idea se expandiera, únicamente se requeriría un pequeño porcentaje de personas que vivieran espiritualmente, encontraran paz interna y que desearan paz mundial.

De acuerdo al fenómeno del centésimo mono, una vez que un suficiente número de personas hayan aprendido a vivir espiritualmente, tomen responsabilidad por sus propias vidas y estén en paz con ellos mismos, entonces más y más gente se envolvería en la idea y lo descubrirían por ellos mismos. Sin importar a cual religión o fe uno pertenece, sería suficiente para cada uno de nosotros el reconocer que todos venimos del mismo Origen, el Creador, y de que todos compartimos una chispa de la Divina en nosotros. Cuando reconozcamos esto, entonces también podremos reconocer la Divina chispa en los demás.

Esto es como nosotros *podemos* colectivamente traer el cielo a la tierra y poner fin a la guerra y al sufrimiento. Nosotros podemos traer paz a este planeta, a través de nuestro deseo de hacerlo, y comenzando primeramente con nosotros. Nosotros podemos sanarnos solos, y podemos sanar nuestro mundo.

# Está En Paz

Recuerda que tu *actualmente* eres un ser espiritual. No hay nada que requieras hacer para vivir espiritualmente, solo estar consciente de ello.

En mi modelo de comprensión, el Creador escogió dividirse en un sin número de pequeñas chispas, para explorar esta realidad física y lo que es posible en ella. Cada uno de nosotros contiene una de esas chispas dentro de nuestros corazones. Así que ya somos seres espirituales, conteniendo una chispa del Divino dentro de nosotros.

Si nuestro propósito es explorar esta realidad y lo que es posible dentro de ella, entonces nosotros somos co-creadores de esta realidad, individualmente y colectivamente. Nosotros encontramos nuestro propósito cuando seguimos nuestros intereses y sueños. Estamos guiados por nuestra intuición cuando seguimos nuestros corazones.

Puesto que todos estamos conectados al Creador, también debemos amar y servir los unos a los otros. Estamos aquí para apoyarnos mutuamente. Nadie se encuentra aquí solo. Nosotros somos amados por el Creador, el cual se encuentra dentro de nosotros, por lo tanto todos somos merecedores de dar y recibir amor.

Cuando vivimos espiritualmente, estamos conscientes de nuestra naturaleza espiritual, la conexión que tenemos con el Creador, y nos respetamos a nosotros mismos así como también a otros. Vivimos con integridad, y tomamos responsabilidad por nuestras decisiones y acciones.

También se hace más aparente el que somos mucho más que nuestros cuerpos. Quienes somos como cuerpos espirituales no muere cuando nuestro cuerpo muere, así que no es necesario el temer a la muerte física. Continuamos existiendo en nuestras Sobrealmas, y podemos escoger tener otra experiencia si lo deseamos.

Como seres multidimensionales, reconocemos que consistimos de pensamientos, creencias y emociones, los cuales tienen un efecto directo en nuestros cuerpos físicos. Nosotros tomamos responsabilidad por nuestras acciones, pero también por nuestros pensamientos y emociones. Aprendemos a dejar ir las emociones negativas las cuales podrían estar atolladas en nuestro cuerpo energético y estar causando bloqueos.

Para alimentar cada aspecto de nosotros mismos, aprendimos ¡ACTÚA FUERA DUDA! Realmente no toma mucho tiempo en nuestras vidas ocupadas el practicar concientización, el estar presente, y practicar el perdón y gratitud. Nosotros podemos estar conscientes de lo que comemos, y ejercitar nuestros cuerpos por lo menos unos diez minutos al día.

A través de estas prácticas, mientras dejemos ir nuestra carga emocional y creencias que no nos son útiles, encontraremos paz en nuestros corazones y mentes, y sanación en nuestros cuerpos. Esta paz interna se expandirá a nuestras relaciones y comunidades, y las personas notarán un cambio.

Cuando suficientes personas puedan encontrar la paz dentro de sí mismos, entonces alcanzaremos una masa crítica, y también seremos capaces de traer paz al mundo. Si creemos que podemos traer el cielo a la tierra y nos lo podemos imaginar, entonces será posible. Es una posibilidad que podremos traer al trabajar todos juntos. Nosotros creamos nuestra propia realidad.

## Signo De Paz Para Nuestros Tiempos

Cuando yo estaba creciendo, mi parte favorita de la misa era cuando intercambiábamos la señal de la paz con los otros miembros. Nos volteábamos y estrechábamos las manos de los que estaban alrededor de nosotros, diciendo, "La paz sea contigo." En la escuela Católica nosotros fuimos enseñados que al principio de la Cristiandad, este era el modo en que los Cristianos se saludaban unos a otros. Ellos se deseaban paz unos a otros. Yo pensé, "¡Que idea tan maravillosa!"

En otras culturas la gente todavía se saluda con la palabra "paz." Ellos dicen "salaam," o "shalom," lo cual significa paz. El saludo no solo lleva el significado de "yo vengo en paz" o "te deseo paz a ti y a los tuyos," sino que muestra respeto a la otra persona.

La idea de estar en paz contigo mismo no pertenece a ninguna religión o cultura o fe. Cualquier persona, aun ateístas, pueden experimentar paz interna, sin importar lo que esté pasando en el mundo alrededor de ellos. Cualesquier persona que sinceramente desee la paz la puede desear a otros.

Por lo tanto, como un pensamiento final, me gustaría sugerir que trajéramos de regreso la práctica de los primeros cristianos y de las otras culturas, y comenzar a desear paz unos a otros, diciendo "¡Está en Paz!" Se puede hacer tan elaborado como un gesto poniendo tus dos manos en tu corazón y extendiéndolo a la otra persona mientras se le desea paz, o nada mas con una mano en tu corazón, o simplemente moviendo tu cabeza hacia ellos, reconociendo y respetando la chispa Divina que reside dentro de ellos.

En el mundo moderno de hoy, podríamos encontrar vergonzoso el efectuar estos actos en público, y podría sentirse un poco tonto decir algo como "Está en Paz." Si ese es el caso, entonces lo puedes hacer silenciosamente en tu mente, deseando la paz a la otra persona, y reconociendo la Divina chispa en ellos. Puedes mandar el directivo a tu Sobrealma, para que lo comunique al Sobrealma de la otra persona. La otra persona nunca tiene que saberlo.

Este gesto no es para convenir el sentimiento de que tú eres más santo que la otra persona, o de algún modo más espiritual. No está diciendo de ningún modo que tú eres mejor que la otra persona. No debe de haber ningún orgullo espiritual en esto.

Si no, al contrario, solo significa un simple y humilde gesto para indicar que tú reconoces la chispa de la Divina en la otra persona, y subsecuentemente respetas a la otra persona y le deseas que viva en paz.

Es un reconocimiento de su derecho de vivir su propia vida y de seguir su propio camino. De un modo, es un reconocimiento de que estamos en esta vida juntos, compartiendo esta realidad, y de que compartimos necesidades similares y estragos, pero estamos aquí para apoyarnos los unos a los otros, sin importar si compartimos las mismas creencias o no.

La Divina chispa en mí reconoce y aprecia La Divina chispa en ti, así que sigue adelante, y

## ¡Está en Paz!

## SOBRE EL AUTOR

Una chispa del Creador Divino, José de la Torre está experimentando la vida en esta realidad en este momento como un Estadounidense de ascendencia Mexicana. Cuando era joven, siguió su aptitud en lógica y filosofía al buscar un B.S. en Matemáticas en la Universidad Estatal de Arizona. Sin embargo, su verdadera pasión era ayudar a las personas y trabajar para lograr la paz mundial. Después de servir un breve período en Peace Corps en el extranjero, obtuvo su Maestría en Asuntos Públicos de la Escuela de Asuntos Públicos de LBJ en la Universidad de Texas en Austin. Pasó más de veinte años investigando diferentes creencias y filosofías, tratando de comprender la naturaleza de nuestra realidad, tratando de reconciliar su corazón con su mente y tratando de encontrar cómo la paz mundial puede ser posible, todo mientras trabajaba y formaba una familia.

La paz es posible. Creelo. ¡Está en paz!

www.ingramcontent.com/pod-product-compliance
Lightning Source LLC
Chambersburg PA
CBHW070153100426
42743CB00013B/2894